PROFECÍAS DE NOSTRADAMUS y SAN MALAQUÍAS

H. J. FORMAN

Colección Una Vida Mejor

 editores mexicanos unidos, s.a.

© Editores Mexicanos Unidos, S.A.
Luis González Obregón 5-B
C.P. 06020 Tels: 521-88-70 al 74

Miembro de la Cámara Nacional
de la Industria Editorial, Reg. No. 115

ISBN 968-15-0880-7

4a. Edición, abril 2001

Impreso en México
Printed in Mexico

PROFECÍAS DE NOSTRADAMUS y SAN MALAQUÍAS

—◆—

Serie

Ciencias Ocultas

A modo de prefacio

¿Qué es la profecía?

Durante la primavera del año de gracia 1934, un español, don Tomás Menes, conocido en su patria por su gran habilidad en la predicción del porvenir, declaró que el canciller de Austria, Dollfuss, perecería violentamente dentro de los tres meses.

Esto acontecía exactamente el 23 de mayo.

El 25 de julio, vale decir a los dos meses y dos días de distancia, la profecía del augur matritense se cumplió plenamente...

Sin embargo, es éste un ejemplo demasiado reciente para que se pueda hablar con propiedad de "profecía": vamos a citar, por lo tanto, al acaso, otras más antiguas.

Entre profetas y videntes

Pierre d'Ailly, nacido en 1350, y canciller de la Universidad de París, era un hombre de estudio, un filósofo: limosnero del rey. Obispo de Cambrai y cardenal, tenía gran versación también en geografía; y, tal vez, su libro *"Imago mundi"*[1] contribuyó no poco a convencer a Cristóbal Colón, para que tratara de llegar a las Indias, partiendo desde el Occidente. Y esto lo afirmamos porque, de todos modos, se ha demostrado que el gran navegante genovés poseía un ejemplar de esa obra.

Alrededor de setenta años después de la muerte de d'Ailly se publicó un libro póstumo de este notable autor, en el cual, entre otras muchas revelaciones curiosas, se citaba en modo especial el año 1789 como umbral de un periodo histórico, que debía alcan-

---

[1] "Imagen del mundo".

zar enorme importancia para Francia y para la humanidad entera. Está demás recordar que, en efecto, la Bastilla fue tomada en julio de 1789 y que allí comenzó la Revolución Francesa. Se cumplía así, casi a la letra en su sentido general, lo que el cardenal había predicho en el momento en que, refiriéndose precisamente a ese año 1789, escribiera:

Si para esa fecha el mundo no habrá sido destruido, lo que solamente Dios puede saber, acontecerán rebeliones y transforma-ciones sorprendentes, que transformarán nuestras leyes y nuestra estructura política.

Todos aquellos que tienen familiaridad con las profecías de la Biblia, sabrán tal vez que el cumplimiento de las mismas ha sido comprobado y confirmado por sabios estudiosos modernos, como, por ejemplo, las predicciones bastante misteriosas de Jeremías y Ezequiel y también las de Micheas y Amós, entre los profetas menores.

Acerca de la profecía que se afirma estar implícitamente conte-nida en la estructura y configuración de la Gran Pirámide de Egip-to, ha surgido nada menos que toda una escuela especulativa y de investigaciones; y es convicción firme para muchos que esa profe-cía continúa cumpliéndose, también por lo que se refiere a los acon-tecimientos de nuestros días.

Aun entre las respuestas de los oráculos ambiguos de las épocas clásicas, griegas y romanas, hubo a menudo determinados pronós-ticos, confirmados más tarde por hechos concretos y reales, como sería fácil demostrar a la luz de numerosos ejemplos.

Y finalmente, para mantenernos en los tiempos modernos, te-nemos las múltiples profecías maravillosas de Nostradamus: pero, ¿cuántos de nosotros las conocen? Tal vez la causa principal de esta ignorancia reside en la circunstancia de que esas predicciones están expresadas, casi siempre, en una forma deliberadamente oscura, es decir, cubiertas de un velo más o menos transparente, que, en el siglo decimosexto en el que fueron escritas, a veces se tornaba in-dispensable.

Estas predicciones están contenidas en una recopilación de cuar-tetas, con el título de "Centurias" y de ellas, por ahora, citaremos aquí, como ejemplo, una sola:

El león joven vencerá al viejo en combate en campo abierto; le perforará un ojo a través de una jaula de oro, y así le hará perecer de una muerte espantosa.

Y he aquí la explicación histórica de la misteriosa cuarteta y la manera en que se cumplió la profecía:

Nostradamus era contemporáneo de Enrique II, rey de Francia. En julio de 1559 el rey, para celebrar el casamiento de su hermana Margarita con el duque de Saboya, ordenó una serie de fiestas, entre las cuales hubo un torneo de magnificencia desacostumbrada. Ducho en el manejo de las armas, él mismo quiso invitar gentilmente a uno de sus huéspedes, el joven conde de Montgomery, a romper lanzas con él.

El conde, en un primer momento, declinó modestamente honor tan preciado y grande pero Enrique insistió tanto que tuvo que ceder finalmente. Aconteció que, en el fervor de la lucha, la aguda punta de la lanza del joven penetró por la visera del morrión de oro de su regio contrincante, que sufrió la perforación de un ojo, y algunos días después falleció entre horribles sufrimientos.

Además, Nostradamus predijo también la Revolución Francesa, como veremos más adelante, con detalles a menudo realmente impresionantes, y muy claros aun bajo el velo de su lenguaje peculiarísimo.

Un estudioso alemán, el doctor Maximiliano Kemmerich, quiso calcular las probabilidades que tuvo Nostradamus para *adivinar* los nombres de las personas y de los lugares citados en sus *"Centurias"*, con su estudio llegó a la conclusión de que, matemáticamente, están a una contra el infinito, es decir: cero. Deduce por lo tanto de este cálculo, que no puede tratarse absolutamente de una casualidad y que Nostradamus "era un verdadero profeta, provisto del don de la clarividencia en el espacio y en el tiempo".

Otro estudioso de las profecías bíblicas, un sabio inglés, en una obra escrita en 1886 predijo que el año 1917 sería de enorme importancia para la Palestina y para Inglaterra.

Ahora bien, en 1917 el general Allenby conquistó la Palestina y tomó a Jerusalén; de esta manera la misma Palestina, después de trece siglos de dominación musulmana, fue gobernada por cristianos, es decir, por Inglaterra, de acuerdo a un mandato de las demás potencias aliadas en la Gran Guerra, que se combatió desde 1914 hasta 1918.

El astrólogo inglés William Lilly predijo, en el año 1651, la peste y el gran incendio de 1666. Esta última profecía, además, se comprobó tan fiel a la verdad de los hechos, que una comisión nombrada por el Parlamento examinó con mucha severidad a Lilly, para poner en claro si no habría tenido muy distinto conocimiento de este azote, fuera del que podía brindarle su sabiduría astrológica.

Otro inglés, finalmente, A. J. Peace, predijo que en el año 1868 —cuando el rey Jorge, hace tiempo fallecido, era todavía un niño de dos años de edad y tenía otros hermanos mayores con derecho a precederle en el trono—, que llegaría a ser soberano del Reino Unido con el nombre de Jorge V.

Desde el siglo decimoctavo ha sido famosa la profecía de Santiago Cazotte, quien, una noche, en un aristocrático salón de París, predijo a cada uno de los presentes cuál sería su suerte durante la revolución que se avecinaba. Recientemente, serias investigaciones de hombres de estudio y de ciencia han llevado a conocer la autenticidad de esa predicción, cuyos detalles son muy fáciles de hallar.

Durante los años que precedieron a la conflagración de 1914, se hicieron no pocas predicciones acerca del periodo de dolor y de sangre que debía atravesar Europa por la Gran Guerra. Más aún, un vidente, cierto Georgievitz Weitzer, que escribía con el seudónimo de *Surya*, comunicó en forma exacta, ya desde los primeros tiempos del siglo actual, que los once años que van desde 1909 a 1920 constituirían para Europa un lapso excepcionalmente crítico y grave. Finalmente, todos los astrólogos, prácticamente sin excepción alguna, predijeron para Alemania una guerra espantosa durante los años 1913 a 1916.

Tal vez no es el caso de enumerar entre los verdaderos videntes a aquella dama que se conoció bajo el nombre de Madame de Thébes; sin embargo, vale la pena anotar que en 1905, es decir nueve años antes de la Guerra Mundial, ella escribió estas palabras en el *Almanach,* que solía publicar todos los años:

El porvenir de Bélgica es extraordinariamente doloroso. Este pequeño país da la impresión de ser un oasis total de paz y de felicidad... Sin embargo, repito lo que ya afirmé: este país prenderá fuego a toda Europa.

Luego, en el Almanach de 1913, escribió:

Leo en las manos de eminentes personajes italianos los signos indicadores de una guerra, cuya violencia no tiene precedentes. Alemania amenaza a toda Europa en general y a Francia en particular. Pero si habrá sido Alemania la culpable de la guerra, cuando ésta termine, ni Prusia ni los Hohenzollern conservarán su anterior situación dominadora. Como ya afirmé reiteradamente, los días del Káiser como emperador están contados; y después de él acontecerán en Alemania grandes transformaciones. Repito que hablo de su reino y no de su vida.

Un vidente que aún vive, predijo a lord Kitchener que moriría en el mar a la edad de sesenta y seis años, al zar Nicolás su trágico fin y el de los suyos, y finalmente el escritor Mark Twain (como éste mismo lo atestiguó personalmente), que llegaría a ser rico después de alcanzar sesenta y ocho años de edad; lo que aconteció realmente.

Podemos decir, por lo tanto, que la profecía existió siempre y siempre existirá.

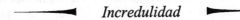

Incredulidad

Hoy se ríe de las profecías, de las predicciones, aun cuando muchos en su fuero íntimo las crean. Pero éste no es un fenómeno de hoy, por cuanto los hombres se han reído siempre, exceptuando un reducido número de personas que han creído casi demasiado, y que tal vez por esta su misma credulidad ofrecían una razón para que otros expresaran un descreimiento burlón.

En efecto, es muy difícil hallar a un profeta, cuyas predicciones se hayan cumplido en un cien por cien. Además, muchos videntes, como los de la Biblia, se tornaban aborrecibles para los demás, prediciendo acontecimientos tan desagradables, que no se querían creer.

Una leyenda bastante aceptable afirma que en la Atlántida, el continente desaparecido, los profetas que predecían su destrucción eran condenados a muerte; y esto no sorprende a nadie, puesto que el instinto humano no obra diversamente cuando se anuncian grandes desgracias.

Sin embargo, no todos los profetas anuncian desventuras y catástrofes; y, más bien, muchos, tanto en la antigüedad como en los tiempos modernos, predicen al mundo una era de paz y de descanso, después de un periodo de tormentas y de tribulaciones.

Otra causa común de incredulidad es que muchos seudo profetas han preanunciado sucesos que nunca se cumplieron, sin que los secuaces lo hayan querido reconocer. Por lo demás, es bien sabido que el hombre es esencialmente o demasiado escéptico o demasiado crédulo, tanto que es posible afirmar que, cuando no cree todo, no cree nada.

Sin embargo, hasta los más escépticos han debido concluir por reconocer que muchas profecías se han realizado acabadamente. Un estudioso inglés, a este respecto, observa lo siguiente:

"Naturalmente, se puede sostener por cualquiera, que toda virtud es hipocresía y cada predicción un producto de la fantasía; pero, fuera de discusión, hay que admitir que las mayores probabilidades están por la tesis contraria. Las falsas profecías no quitan crédito a las verdaderas, como en el caso, por ejemplo, de haberse demostrado espúrias las cartas de Platón, lo que no pone en duda la autenticidad de los Diálogos, del mismo Platón".

Hasta el mismo Von Doellinger, el más escéptico de los estudiosos alemanes, que tanto se preocupó para desacreditar muchas profecías de la Era Cristiana, está obligado a admitir que algunas de ellas correspondieron exactamente a los acontecimientos posteriores. Por ejemplo, cita el hecho de que Santa Catalina de Sena predijo, en el siglo decimocuarto, una cruzada general que nunca tuvo efecto; pero reconoce también que ella anunció una reforma de la Iglesia, que se cumpliría contra la voluntad de la Santa Sede; lo que aconteció precisamente con la que se llamó, por lo mismo, Reforma.

Idénticamente, Santa Hildegarda de Bingen, ante quien se inclinaban pontífices y emperadores, predijo muchas cosas de la decadencia del Papado y de la laicización de Europa, que luego se cumplieron exactamente.

Admitiendo por lo tanto que debemos reconocer que las profecías auténticas se han cumplido históricamente, nos viene a los labios esta pregunta:

"¿Qué es un profeta?"

◄ Definición del profeta ►

Una de las mejores respuestas que yo haya podido hallar a esa pregunta está contenida en un pequeño libro anónimo, que trata del iluminismo y fue publicado hace unos años con el título: *"Hojas del jardín"*, de M. La reproduciré textualmente:

"El profeta es un hombre que posee el don de ver espiritualmente muy lejos. Como hay, físicamente hablando, présbitas y miopes, así también hay présbitas y miopes en el mundo espiritual. Sería crasa ignorancia rechazar ciegamente cualquier profecía, solamente porque es tal; sería enorme necedad creer que los profetas son impostores vulgares. Si investigamos, con métodos científicos y sin pasión preconcebida, las profecías que han llegado hasta nosotros, ¿qué hallamos? Que unas cuantas personas, que se atrevieron a mirar en las páginas futuras de la historia han quedado pasmadas frente a lo que veían, y, a pesar de los peligros personales y de los malos tratos recibidos, han querido poner en guardia a sus contemporáneos y a la posteridad".

Con otras palabras: muy rara vez el don de la profecía dio beneficios o ventajas al que lo poseía; más aún, en muchísimos casos trajo para el profeta martirio y muerte. Por ejemplo, ¿cuál podía ser la ventaja de Casandra, cuando anunció reiteradamente, según se dice, la caída de Troya, el asesinato de Héctor y de Agammenón? Y, sin embargo, la pitonisa no recogió más que la incredulidad y las burlas de los troyanos. Bajo cierto aspecto, pues, se la podría considerar como el verdadero prototipo del profeta, por cuanto, de hecho, sus profecías se cumplieron, aun en su perjuicio.

Grosso modo, la profecía se puede pues, definir como la clarividencia en el tiempo y en el espacio.

Hablando en general, los que se apasionan por las investigaciones psíquicas y no pocos psicólogos, han aceptado como hechos indiscutibles y reales la clarividencia y la telepatía.

Son estos fenómenos todavía, en gran parte, inexplicables, es verdad, pero también es verdad que muchos otros fenómenos ya admitidos como indubitables y reales por la ciencia, son igualmente inexplicables. Por ejemplo, no sabemos exactamente lo que es la electricidad, pero reconocemos y aceptamos con los ojos cerrados todos sus efectos. Es suficiente reflexionar sobre los rayos cósmicos, la fuerza de la agregación de los átomos, el origen de las nebulosas, para convencerse del número de postulados de la ciencia ortodoxa que permanecen todavía oscuros en lo que se refiere a sus orígenes. En el pasado, las cosas sin explicación eran reputadas, a menudo, sobrenaturales; hoy no somos tan fáciles en atribuir a causas sobrenaturales los fenómenos que no podemos explicarnos, y decimos con lógica más cerrada que una explicación debe existir, aunque permanezca todavía desconocida.

──────── ◀ *Lo que enseña el pasado* ▶ ────────

Uno de los aspectos de la cuestión es éste: la humanidad reputa imposibles algunas cosas, mientras que la experiencia, más luego, demuestra lo contrario. Sabemos, por ejemplo, que hace poco más de un siglo, los ingenieros creían sencillamente imposible una cosa que hoy se ha generalizado tanto: el ferrocarril. Sostenían que era imposible que carros pesadamente cargados pudieran correr sobre rieles; imposible que estos rieles se apoyaran sobre durmientes o travesaños de madera, carentes de un firme cimiento de albañilería; imposible que trenes enteros de esos carricoches, además, pudiesen recorrer ese camino de rieles a una velocidad de veinticinco a treinta kilómetros por hora, sin sacudir el organismo humano de tal manera, que hubiera provocado en los pasajeros y hasta en las personas ante las que hubieran pasado, muy graves trastornos cerebrales.

Efectivamente, en Baviera, en los primeros tiempos de los caminos de hierro, se levantan altas empalizadas a los dos lados de la vía, para evitar a la población esos temidos trastornos...

Para decirlo brevemente, muchas cosas la humanidad declaró imposibles, que luego se cumplieron; tan numerosas, por lo menos, como las invenciones y los descubrimientos del hombre.

Hasta ese gran hombre de ciencia inglés que fue Sir Humphrey Davy sonreía con indulgencia ante la idea de que una gran capital como Londres pudiese algún día ser totalmente alumbrada con lámparas de gas y cuando Benjamín Franklin expuso su idea para la construcción de los pararrayos, la Real Academia de las Ciencias de Inglaterra se desternilló de risa.

Por muchísimos años el vuelo fue considerado como una locura utópica, y desterrado entre los absurdos, juntamente con la cuadratura del círculo y el movimiento perpetuo. Y todos sabemos cómo se consideraban grotescamente imposibles, muy pocas décadas atrás, el teléfono, la radio y la televisión.

Reputar imposibles las cosas difíciles o negar las que no pueden explicarse aún, es una de las más costosas costumbres contraídas por la humanidad en el curso de su larga historia que no la pone en guardia: costosas en el sentido de que más tarde se convirtieron en su propio perjuicio; pero es necesario reconocer que aún más costosa es la costumbre de la superstición.

Y puesto, desgraciadamente, que hubo en el mundo muchas profecías falsas, también las buenas, a menudo, cayeron a su vez en el ridículo. El escepticismo es un instinto saludable, sano, útil; pero de él se ha abusado mucho, como de tantas otras cosas no menos saludables y provechosas.

Sin embargo, a pesar del escepticismo y del ridículo, la fe en la profecía es un fenómeno que ha echado raíces profundas en la conciencia de la humanidad desde hace miles de años; y no parece posible extirparlo. Lo puede demostrar entre tantos, el hecho de que en nuestros días, mujeres ultramodernas —y también caballeros— requieren sin cesar a adivinos, astrólogos, clarividentes: negocio éste mucho más intenso de lo que algunos sospechan siquiera.

En una palabra, la fe en la profecía no puede extinguirse totalmente, en la misma medida que no puede desaparecer la fe en la bondad, en la espiritualidad, en la cultura.

◄ *Los dos trenes y el aeroplano* ►

Una de las imágenes más sencillas, y apta para explicar el fenómeno de la clarividencia, sobre la cual se basan muchas predicciones, es la siguiente:

Piénsese en un tren, que proceda alrededor de una montaña, mientras que del lado opuesto, sobre los mismos rieles, avanza otro tren en sentido inverso. Ambos marchan a la misma velocidad y ninguno de los dos se ha percatado del otro: no hay señales que los detengan; por lo tanto, sin que ellos lo sepan, es inminente un choque.

En cambio, para quien volara en aeroplano sobre la montaña, el porvenir inmediato de estos dos trenes sería claro, espantosamente claro. Y si el aviador estuviese en comunicación con los trenes, podría predecirles su tremenda catástrofe. Esta clarividencia, o facultad profética, para el aviador es muy simple y natural: ve, se alarma, puede predecir sin sombra de duda.

Tal vez, la clarividencia espiritual es idénticamente simple.

Aun cuando quisiéramos embarcarnos en una discusión muy larga y docta, sobre el "Presente Eterno" de la filosofía oriental, ese Presente en el cual pasado, presente y porvenir coexisten simultáneamente, o bien sobre el tiempo como cuarta dimensión del espacio —sobre este argumento se ha dicho y escrito mucho—, tal vez no nos hallaríamos mejor ilustrados que por la sencilla imagen de los dos trenes alrededor de la montaña, para comprender cómo una persona puede prever y por lo tanto profetizar.

◄ *¿Somos todos profetas?* ►

Un escritor moderno, J. W. Dunne, hombre de ciencia e ingeniero aeronáutico, en un libro lleno de fascinación, deduce, fundado en comprobaciones experimentales, que virtualmente todo ser humano es profeta sin saberlo. El porvenir —dice— se abre por sí solo ante nuestros ojos, cuando soñamos, sin que por eso deba hablarse de una intervención de la clarividencia. Evitando recurrir al ocultismo y al psicoanálisis, presenta al lector un material que todos pueden observar fácilmente, y del cual extrae el valor de una ley, vale decir: *Las imágenes vistas en sueños, que se refieran indiscutiblemente a un futuro próximo, son aproximadamente iguales en número a las que se refieren en forma igualmente indiscutible a un pasado próximo.*

Mucha gente, sin embargo, no se fija en ese fenómeno; y a lo sumo tiene a veces la impresión de que esto o aquello "haya sucedido otra vez" en sueños. Pero Mr. Dunne nos demuestra, experimental y matemáticamente, que hay en nosotros una conciencia, la que, cuando estamos soñando, se abre, diríamos, en abanico, comprendiendo en su campo visual tanto el porvenir como el pasado. Cada hombre, en fin, es su propio profeta. Y tal vez se llegue a establecer esta verdad.

Mucho más recientemente, el doctor Alexis Carrel, del Instituto Rockefeller, hombre de ciencia eminente entre biólogos y fisiólogos, ganador del premio Nobel de química, publicó una obra profunda que, para los profanos, debería "hacer época", como se acostumbra decir, puesto que ilustra las hipótesis más vistas de algunos grandes sabios modernos. Su tema es la profecía, es decir, la clarividencia en el espacio y en el tiempo.

Y Carrel observa:

"Existe en algunos individuos un elemento psíquico capaz de viajar en el tiempo. Como ya se ha dicho, el clarividente no ve solamente acontecimientos remotos en el espacio, sino también acontecimientos pasados y futuros. En efecto, ellos parecen vagar con igual facilidad en el tiempo y en el espacio... Es decir, contemplan el pasado y el porvenir como una mosca podría contemplar un cuadro, si en lugar de pasearse sobre la tela, volara sobre la misma a cierta distancia. Los hechos de la predicción del futuro nos conducen hasta el umbral de un mundo desconocido, y parecen soslayar la existencia de un principio o de un factor psíquico capaz de evolución, más allá de los límites de nuestro cuerpo físico".

A buen seguro, esta es la afirmación más impresionante que haya podido hacer sobre el tema de la profecía un gran hombre de ciencia de nuestros días.

◀ *Videntes y razonadores* ▶

Muchos fueron los que han ejercido el don profético: desde Balaam a Bacon, desde la Madre Shipton a Nostradamus, y solamente una obra de enorme volumen podría contener todas las profecías o predicciones llegadas hasta nosotros y que se han cumplido.

Es muy fácil sonreír ante la profecía de la Madre Shipton —que vivió hacia los comienzos de 1500— acerca de los coches que correrían sin caballos, pero no es posible seguramente sonreír de Francisco Bacon, que previó los submarinos y los aeroplanos. En cierto sentido, han sido videntes también Verne, Bellamy y Wells, hombres de nuestros tiempos, a quienes todos han debido reconocer una excelente imaginación y una clarividencia lógica.

Apenas en 1856 un americano, A. J. Davis, publicó en Nueva York una obra, en la cual hacía mención de un tiempo por venir, en el cual vehículos, coches y hasta lujosos vagones-salón, habrían rodado por caminos maestros sin caballos, sin vapor, sin fuerza motriz visible, con gran velocidad, y con mayor seguridad de la que existiera entonces para viajar; indicaba hasta el detalle de que la fuerza motriz sería proporcionada por un líquido, combinado con los gases atmosféricos, muy fácilmente condensable y de fácil explosión. El mecanismo entero, completo, estaría oculto entre las dos ruedas anteriores. ¡Y todo esto lo preveía Davis, cuando no habían llegado a ser de uso común las muy modestas velas de estearina!

La actitud, la toma de posición de nuestros días, frente a la profecía, es extraña. Aun entre los que reconocen complacidos la veracidad de determinadas predicciones bíblicas, hay muchos, muchísimos, que niegan en cambio el principio que de ellas derivan. ¿Por qué? No hay duda de que en los tiempos de la Edad Media, más aún durante toda la Era Cristiana, hubo muchas profecías falsas, dictadas por intereses personales; pero tampoco es dudoso en lo más mínimo, de que muchas también hayan sido comprobadas más tarde como verdaderas y desinteresadas, en forma impresionante.

Tomemos como ejemplo a Nostradamus, que hemos citado antes, y que falleció en la segunda mitad del siglo XVI: ¿qué beneficio hubiera podido reportarle la profecía que, generalmente, se piensa relacionada con Napoleón?

He aquí la cuarteta a la que aludimos y que es la No. 60 de la primera Centuria:

Un Empereur naistra près d'Italie,
Qui, a l'Empire, sera vendu bien cher;
Diront avec quels gens il se relie,
Qu'on trouvera moins prince que boucher.²

Lo que significa: *Un emperador nacerá cerca de Italia, cuyo imperio costará muy caro a Francia. De los que le circundarán, se dirá que son más carniceros que príncipes.*

Esta descripción, a la cual en otras cuartetas Nostradamus agrega para el gran soldado de Córcega el calificativo de *rase-tête* o *cabeza rapada,* es extraordinariamente clara. Observamos, además, que, por lo que se refiere a la *cabeza rapada,* como es notorio, todos los demás reyes de Francia llevaban cabellos largos o pelucas, y que fue Napoleón el primer soberano francés que llevó los cabellos cortos.³

Vale la pena tener en consideración además que estas profecías han sido escritas por Nostradamus casi trescientos años antes del advenimiento de Napoleón.

No hace mucho, es decir, el 3 de marzo de 1933, un tal Philip Haag (así por lo menos firmaba) envió al *Times* de Los Ángeles, que la reprodujo en facsímil en el número del 11 del mismo mes, la siguiente carta:

"1. Tres eminentes hombres políticos americanos morirán entre el día de hoy y el 13 de este mes.

2. Entre el 7 y el 13 de este mes se desencadenará el infierno.

---

² Hacemos notar, una vez por todas, que las cuartetas de Nostradamus se reproducen exactamente hasta en su deficiente ortografía.

³ Otra curiosa e interesante cuarteta que se refiera a Napoleón, es la siguiente, que lleva el No. 60 en la Quinta Centuria.

De la cité marine et tributaire
La téte rase prenta la Satrapie:
Chasser sordide, qui puis será contraire.
Par quatorze ans tiendra la tyrannie

Es decir: *Desde la ciudad marina y tributaria* (Ajaccio) *la cabeza rapada tomará el poder* (satrapie, de sátrapa, en el Oriente, gobernador de provincia o jefe del ejército). *Expulsará a los sórdidos* (los comentaristas entienden por tales a los ingleses), *que luego le serán enemigos; y tendrá el poder supremo durante catorce años.* No hay que sorprenderse por la locución *tyrannie,* tanto aceptando el sentido literal y etimológico de la misma, como teniendo en cuenta la devoción de Nostradamus por los reyes legítimos de Francia.

3. En uno de estos tres días 19, 29 ó 21 de marzo, Los Ángeles será conmovida por un gran sismo.

4. El punto culminante de la depresión económica será alcanzado el 13 de marzo; y solamente el 20 del mismo mes comenzara un arreglo efectivo. Este arreglo, sin embargo, no estará completo hasta el 10 de septiembre de 1933.

5. Nos espera un porvenir más grande y mejor.

Puede ser que estas previsiones no tengan el menor valor; sin embargo, téngalas en cuenta y veremos lo que saldrá de todo esto".

Ahora bien, nadie está naturalmente dispuesto a prestar mucha importancia a estas predicciones dirigidas a los diarios por aficionados oscuros, desconocidos; y aun así, puede resultar interesante ver "lo que salió de todo eso", para emplear la misma frase del llamado Haag. He aquí lo que pasó en realidad:

1. El senador Walsh murió el 2 de marzo, es decir el día anterior a la fecha en que fue escrita la predicción; el senador Hawell falleció el 10 de marzo; el mayor Cermak el 7.

2. Del 7 hasta el 10 de marzo se desencadenó el infierno, en el sentido de que se produjo la crisis bancaria nacional y ocurrió el terremoto de California, éste, nueve días antes de la fecha indicada.

3. Las opiniones pueden variar acerca del día en que se alcanzó "el punto culminante de la depresión"; de todos modos, éste no estuvo muy lejos del 13 de marzo.

De todo esto se deduce que la predicción de Haag fue algo más que una simple coincidencia.

En nuestros días hombres de ciencia de absoluta seriedad se ocupan de investigaciones psíquicas, de telepatía, de clarividencia, y personajes eminentes como madame Curie, lord Raleigh, Alexis Carrel, no han tenido a menos el aparecer interesados en estos problemas.

En resumen, repetimos, son innumerables los ejemplos de falsas profecías en el curso de la historia de la humanidad; pero muchísimas predicciones hay, que, despreciadas y tomadas en broma por la mayor parte de los contemporáneos, se ven hoy cumplidas cabalmente en todos sus detalles.

Otras notables profecías antiguas se refieren a nuestros días, y por lo tanto es muy natural que provoquen en algunos de nosotros una curiosidad mezclada a cierto interés; y eso tanto más cuanto que, de acuerdo con los que creen en las profecías, muchas de las mismas, escritas o transmitidas por tradición, convergen desde hace

siglos hacia la época actual y sobre los veinte años, aproximadamente, que todavía faltan para completar nuestro siglo.

En puridad de verdad, la profecía es un tema sobre el que, hasta hoy, se han practicado relativamente escasas investigaciones
científicas; pero, dispersas aquí y allá en los libros, existen muy
numerosas e interesantes noticias que se refieren a las profecías.

Materia de este estudio, pues, es la observación objetiva de ejemplos de las unas y de las otras, especialmente por lo que se refiere a
la abultada cantidad dejada por Nostradamus. Falsas o verdaderas, nos la demostrará la historia, en forma tal que el lector llegue a
familiarizarse algo más con este interesante argumento y pueda,
finalmente, hacerse su propio juicio.

Las profecías de Nostradamus

El vidente más famoso que nunca haya aparecido en Europa, y tal vez el más celebre, con excepción de los Profetas Sagrados de la Biblia, fue sin duda Miguel de Nostradamus.

Goethe, mientras Fausto se halla en su tétrica habitación con el libro de las *Centurias* de Nostradamus entre las manos, pone en labios de su personaje estas palabras: *Pero, entonces fue un dios el que escribió estas páginas...*

En el siglo decimosexto, el siglo más brillante del Renacimiento, tal vez ningún otro ser humano tenía una posición más expectable que la de Nostradamus; y se puede decir sin temor a exagerar en lo más mínimo, que en toda la historia europea nadie aparece tan dotado de extrañas y anormales facultades de clarividencia como este médico provenzal de ascendencia judaica, que sin embargo era sinceramente cristiano.

Tan rápida y sorprendentemente se propagó su fama que, en el breve espacio de quince años toda Europa se interesó por él, entre curiosa y perpleja; y reyes y reinas, sin contar a los personajes menores, le mandaron llamar, quitándole de su modesto refugio, de su apacible casa en la pequeña ciudad provenzal de Salón, para utilizarlo como astrólogo y vidente.

◄ *Nostradamus en el Louvre* ►

Catalina de Médicis, aun cuando venía a la Ciudad Luz desde la cuna del escéptico Renacimiento, es decir desde Florencia, era, como muchas damas de su tiempo, creyente y docta al mismo tiempo en cosas de astrología, de signos premonitorios y de predicciones.

No puede extrañar, pues, que haya tenido a Nostradamus en gran estimación.

Además, también su esposo, Enrique II de Francia, aunque menos inclinado a creer en los misterios del ocultismo y de la clarividencia, había quedado impresionado por todo lo que se decía del famoso médico.

Enrique conocía la cuarteta que lleva el No. 35 en la *Primera Centuria,* comprendida en el libro que Nostradamus le había dedicado, y en el cual se predecía que el rey perdería un ojo, dentro de *una jaula de oro,* y que por eso *moriría de una muerte espantosa;* escéptico o crédulo, el rey había quedado preocupado por esa profecía, con tanta mayor razón por cuanto, algunos años antes, otro vidente, Lucas Gauric, le había aconsejado de evitar cualquier torneo o duelo, especialmente al cumplir cuarenta y un años de edad. Por esta razón, perplejo e inquieto, quiso conocer a Nostradamus; y, como también la reina ardía en deseos de hablar con el famoso vidente, Claudio de Saboya, gobernador de la Provenza, recibió el encargo de preparar una visita a Nostradamus a la capital de Francia.

Tenía Catalina entonces tres hijos varones, que constituían su mayor ambición y su gran orgullo; y deseaba, a cualquier precio, saber lo que el destino les reservaba a ellos y a sí misma, interrogando personalmente a Nostradamus.

Se acordó pues que el vidente, que tenía entonces cincuenta y tres años de edad, utilizaría los caballos del correo real, teniendo en cuenta que era un personaje de gran distinción y saber, y que viajaba por invitación del monarca. Así se hizo, y Nostradamus llegó a París, al cabo de un mes de viaje, por cierto no muy cómodo, exactamente el 15 de agosto de 1556.

Acababa Nostradamus de poner pie en el albergue de San Miguel, cerca de la catedral de Notre-Dame, cuando llegó el condestable de Francia, para anunciarle que el rey y la reina le esperaban con gran impaciencia. Está demás decir que el vidente fue en seguida al Louvre, donde se había dado cita toda la corte, damas, gentilhombres y pajes, para ver al gran sabio. Pero los soberanos no permitieron que nadie lo entretuviera, y dieron orden de que fuera llevado inmediatamente a las reales habitaciones.

◄ *Los tres hijos de Catalina de Médicis* ►

Sobre todas las cosas que los soberanos deseaban saber, estaba, lo repetimos, el destino reservado a sus tres hijos. Nostradamus fue llevado a Blois, donde los pequeños príncipes gozaban de la vida campestre; allí los vio, jugó con ellos sin intimidarlos, y, de vuelta en la Ciudad Luz, comunicó a los cónyuges reales los graves peligros que amenazaban a los tres niños. Agregó, sin embargo, que cada uno de ellos habría ocupado un trono.

La ambiciosa Catalina, quien, sin duda, soñaba ver a sus hijos ceñir las coronas más preciadas y poderosas de Europa, no entendió que la profecía pudiera significar, como realmente indicaba, que uno tras otro los hijos habrían muerto, dejando en herencia el trono de Francia al más cercano por orden de edad.

Fatalmente, lo que Nostradamus predijera, se cumplió.

Durante su breve estada en París, el vidente estuvo literalmente sitiado por príncipes y cortesanos, que le colmaron de regalos y cortesías, con la esperanza de conseguir del mismo algún pronóstico acerca de su porvenir.

El célebre poeta Ronsard lo festejó en unos versos muy conocidos, apostrofando a los incrédulos de esta manera:

"Se burlan de los profetas enviados por Dios y por Él elegidos entre nuestros propios hijos. ¡Los invitan a nuestras reuniones para saber las desventuras que les están reservadas, y, luego, se ríen!".

No faltaban, en efecto, quienes se reían del vidente, burlándose de su sabiduría, pues tal era la característica del Renacimiento, escéptico y descreído. Se recuerda a este respecto, que otro poeta, Jodelle, escribió contra el vidente de Salon y sus colegas un dístico en latín, fundado especialmente sobre un juego de palabras:

Nostra damus cum falsa damus, nam fallere nostrum est,
Et cum falsa damus, nil nisi nostra damus.

Lo que quiere decir: *Damos algo nuestro al mentir; porque nuestro oficio es engañar; y cuando damos falsedades, no damos otra cosa que lo nuestro.*

◄ El perro extraviado ►

Sea como fuere, la fama de Nostradamus fue constantemente en aumento; y se le consultaba, prácticamente, en todas las circunstancias.

Por ejemplo, una vez un paje del rey, perteneciente a la noble familia de Beauveau, había perdido un perro de gran valor y, con la despreocupada indiscreción e ingenuidad propia de los jovenzuelos llegó, tarde en la noche, a golpear a la puerta del vidente, para saber del mismo dónde hubiera podido dar con el animal.

Nostradamus se acercó a la puerta y desde el interior, sin abrir, antes todavía que el visitante nocturno le dijera lo que venía a pedirle, le gritó:

—¿Qué quieres tú, paje del rey? ¡Cuánto ruido por un perro extraviado! Corre al camino que conduce a Orleans y lo hallarás llevado con la traílla.

Pasmado y satisfecho al mismo tiempo, el paje corrió al camino indicado, y, en efecto, vio venir a su encuentro a un sirviente, que traía al perro atado a la traílla...

Episodios de esta naturaleza —y ellos fueron muy numerosos— no hacían más que aumentar la ya enorme celebridad de Nostradamus en esa época. Pero, después de su muerte, los estudiosos se han interesado especialmente por sus predicciones, desde un punto de vista mucho más serio. Y lo han seguido haciendo durante casi cuatro siglos.

Y no puede afirmarse que estos estudiosos sean unos recién llegados, hombres sin antecedentes que hayan querido ligar su nombre a la fama del gran vidente: entre ellos están novelistas como Víctor Hugo y Alejandro Dumas y sabios como Ernesto Renán.

Hasta hoy no han sido explicables, o, mejor dicho, interpretadas todavía todas las cuartetas proféticas (aproximadamente un millar) que nos dejara Nostradamus en sus diez *Centurias*. De las interpretadas, además, muy pocas son ciertamente las que podamos citar aquí, por la naturaleza de este ensayo, y lo haremos solamente como para ofrecer algunos ejemplos. Miles de páginas serían insuficientes para pasar reseña únicamente a todas las predicciones del vidente de Salon, que han tenido cumplimiento.

◀　　*El rey monóculo*　　▶

Hemos aludido a la predicción que se refería a Enrique II de Francia. Ahora bien, la cuarteta No. 55 de la tercera *Centuria*, en la cual está contenida, reza literalmente así:

En l'an qu'un oeil en France regnera,
Le Cour sera en un bien fascheux trouble;
Le Grand de Blois son amy tuera;
Le régne mis en mal et doute double.

Le Pelletier, el más famoso y hábil entre los intérpretes de Nostradamus, traduce y explica esta cuarteta de la siguiente manera:

En el año en que reinará en Francia un monóculo, la corte se encontrará en serias dificultades. El Grande de Blois matará a su amigo,[4] el reino, caído en la ruina, será dividido.

Y bien, como ya hemos adelantado en las primeras páginas, en un "pase de armas" durante un torneo, Enrique II, que tenía puesto un morrión de oro (la jaula de oro de la que habla la profecía precedente), fue herido con un golpe de lanza por su contrincante Montgomery, y tan gravemente, que la punta del arma, pasando a través de la visera del casco le perforó un ojo, por lo que fue convertido en monóculo. En el breve periodo en que sobrevivió todavía, después de la espantosa herida, era, pues, "un monóculo que reinaba en Francia".

Y no hay duda, además, que después de su muerte, acaecida en 1559, se inició para Francia una época de grandes dificultades. Durante el reinado de su sucesor inmediato, el débil y enfermizo Francisco II, los Hugonotes comenzaron a alcanzar un poder formidable. Luego el joven rey, el 17 de noviembre de 1560, sufrió un desvanecimiento y falleció en el mes de diciembre siguiente.

Fue en esa oportunidad que el embajador de Venecia en París escribió al Dux Michieli:

Aquí todos los cortesanos recuerdan la profecía de Nostradamus, y en voz baja bordan sus comentarios alrededor de los acontecimientos.

A la muerte de Francisco II subió al trono Carlos IX, entonces apenas un niño de diez años; y, hasta su mayor edad, llevó las riendas del estado la madre, Catalina de Médicis. Durante su reinado se cumplió la masacre que se conoce con el nombre de "noche de San Bartolomé". Como su hermano, murió joven también, al cumplir apenas los veinticuatro años de edad. Subió entonces al trono el tercer hijo de Catalina, Enrique III. Él también, como había preanunciado Nostradamus, "ocupó un trono", el mismo que sus hermanos. ¡Cómo se habrá recordado entonces la astuta y ambiciosa Catalina de la misteriosa y sin embargo clarísima profecía!

Durante su reinado, Enrique III reunió en Blois los Estados Generales, y en ese castillo hizo asesinar a traición al noble que llamara su amigo, el duque de Guisa (el *Grande de Blois* de la predicción).

---

[4] La reconstrucción exacta sería: *El amigo del Grande de Blois le matará;* con otras palabras, teniendo en cuenta la forma deliberadamente tortuosa de Nostradamus: *El Grande Blois será asesinado por su amigo.*

Ese asesinato precipitó virtualmente la guerra civil; y París estaba en abierta rebelión, cuando Enrique III, en 1589, trató de sitiarla, pereciendo víctima, a su vez, de ese monje fanatizado que se llamó Santiago Clément.

Muchos años antes, pues, Nostradamus había previsto exactamente lo que habría acontecido en Francia después del reinado del "monóculo".

Pero el gran vidente no se limitaba a predecir acontecimientos a corto plazo, porque, en cambio, sus *Centurias* contienen profecías que se proyectan mucho más allá en los siglos, como él mismo lo advirtiera en el prefacio de su obra.

Por desgracia no todas esas profecías son claras, accesibles, como ya dijéramos, y menos aún interpretadas. Sin embargo, muy claras y comprensibles, muy evidentes, en fin, son varias entre ellas; y **algunas aparecen como extraordinariamente exactas, vistas hoy a la luz de los sucesos que fueron cumpliéndose.**

◄ *Enrique III* ►

Un estudioso alemán que **ya hemos** citado anteriormente, el doctor Maximiliano Kemmerich, por ejemplo, admira sin tasa la siguiente cuarteta, que se refiere a ese mismo Enrique III:

Le Roy-Roy n'estre, du Doux la pernicie,
l'an pestilent, les esmeus nubileux.
Tien, qui tiendrá, des grands non letitie:
Et passera terme de cavilleux.

Este es aparentemente un verdadero enigma, aun tratando de traducirlo libremente y con la mayor fidelidad conceptual, por lo que permite la oscuridad de las locuciones empleadas.

El Rey-Rey no es más, matado por el Dulce, en ese año pestilente en el cual los revoltosos no saben lo que deben hacer. El que tiene, tendrá, con disgusto de los grandes: y pasará más allá del límite de los burladores.

Oscuro y complicado todo esto, pues. Sin embargo, la alusión a Enrique III es evidente: Enrique, habiendo sido antes rey de Polonia y luego rey de Francia, es definido Rey-Rey por el vidente, vale decir dos veces rey. El mismo fue asesinado por Santiago Clément, como se dijo: y Clément, es decir "clemente", puede ser reputado aquí por Nostradamus como sinónimo de "dulce". Veremos a este respecto, digámoslo de paso, que también en otras ocasiones el vidente se ha servido de sinónimos y hasta de anagramas.

Además, el asesinato de Enrique III se realizó en un periodo de luchas civiles y religiosas, cuando los "revoltosos", es decir, los rebeldes de París, a las órdenes de la duquesa de Montpensier y del hermano, no sabían ya qué hacer para desembarazarse del soberano importuno

La frase *el que tiene, tendrá* se refiere evidentemente a Enrique de Navarra, quien había estipulado la paz con Enrique III para reconquistar a París, y luego subió al trono a su vez con el nombre de Enrique IV.

Con disgusto de los grandes, luego, es una frase suficientemente clara y transparente, por cuanto los príncipes mayores del reino no podían tolerar que aspirara al trono de Francia el rey de la minúscula Navarra, por añadidura protestante, y eso aunque hubiera ya conquistado gran parte del país.

Y, finalmente, *pasará más allá del límite de los burladores,* quiere indicar con toda evidencia que Enrique, si hubiera persistido, hubiera concluido por vencer, llegando más lejos de lo que habían previsto los "burladores", es decir sus adversarios, que se habrían visto obligados a inclinarse ante él, como realmente aconteció.

Ahora bien, ¡todo eso sucedía alrededor de treinta años después de la muerte de Nostradamus!

◀ *Enrique IV* ▶

En otra cuarteta, el vidente se refiere al mismo Enrique de Navarra, o Enrique IV, con quien se relacionan a menudo sus predicciones. Héla aquí:

Au chef du monde le grand Chyren sera
plus outré aprés aymé, criant, redouté:
Son bruit dans les cieux surpassera
et du seul titre victeur fort content.

Anticipando que *Chyren* es el anagrama de *Henryc* (antigua forma de *Henry* o Enrique), la cuarteta transcrita significa:

El gran Enrique será, a la cabeza del mundo (es decir, ocupando el trono mayor del mundo, como lo era entonces el de Francia), *más injuriado después de haber sido más querido, y denigrado y temido. Su fama y su esplendor sobrepasarán los cielos; pero él se considerará satisfecho solamente con el título de vencedor.*

Basta conocer, aunque sea superficialmente, la historia de Francia, para saber que Enrique de Navarra, cuando era pobre y prófugo, fue muy querido, especialmente por los Hugonotes, que reconocían en él a su jefe, y hacían por él con placer cualquier sacrificio impuesto por las circunstancias.

Cuando subió al trono de Francia, después de haber abjurado públicamente en la catedral de Notre-Dame, sus mismos secuaces, imitando a sus antiguos adversarios, le denigraron, aun cuando más tarde se doblegaron a su poder y lo temieron. Fue así tal vez el rey más popular de Francia y también su gloria fue grande; pero él, bondadoso como siempre fue, se conformaba con ser el vencedor solamente y no se encarnizó contra nadie en estúpidas venganzas.

Cuando el mismo Enrique era todavía un niño de apenas diez años, Nostradamus lo vio y pidió al preceptor que lo acompañaba que lo desvistiese, para poder examinarlo cómodamente. El preceptor hubiera accedido, pues sabía muy bien quién era el sabio que le formulaba tan extraño pedido; pero el futuro rey de Navarra se negó tercamente a dejarse desnudar, asustado —como él mismo confesó más tarde— por la luenga barba y el aspecto del vidente, temiendo que el mismo quisiera azotarle. A la mañana siguiente, sin embargo, mientras todavía estaba en la cama el preceptor, antes de ponerle la camisa, hizo entrar en la habitación a Nostradamus.

El sabio médico y vidente pudo así ver desnudo al niño, y, después de haberle contemplado en silencio, se volvió al preceptor y le dijo:

—Si Dios les da vida hasta entonces, tendrán por Señor a un príncipe que será al mismo tiempo rey de Francia y de Navarra.

◀ *Luis XIII y Montmorency* ▶

Otra cuarteta de Nostradamus, la No. 18 de la novena *Centuria*, reza:

Le Lys Dauffois portera dans Nanci
jusque en Flandres, electeur de l'Empire
neusves obturée au gran Montmorency
hors Lieux prouves delivré a clere payne.

Lo que suena en castellano: *El Delfín llevará el lirio a Nancy y hasta Flandes para el elector del Imperio. Una nueva cárcel para el gran Montmorency, que lejos de los lugares acostumbrados, tendrá una pena ejemplar.*

Hemos traducido *clere peyne*, o en francés más moderno *claire peine,* como *pena ejemplar,* pues ése hubiera sido el significado de las dos palabras. En cambio, el vaticinio de Nostradamus era aún más exacto de lo que se pudiera creer. Y los acontecimientos previstos se desarrollaron de esta manera:

El título de Delfín, para el heredero de la corona francesa había caído hacía mucho en desuso, y Luis XIII fue el primero que volvió a usarlo, cuando todavía no había alcanzado el poder, tanto que bien pudo llamarse "el Delfín" por antonomasia.

Ahora bien, el 24 de septiembre de 1633, vale decir, varias décadas después de la muerte de Nostradamus, las tropas de Luis entraron en Nancy (llevando de esta manera el "Lirio de Francia" a esa ciudad).

Nancy era la capital de la Lorena, que no solamente no estaba sometida a Francia, sino que ayudaba a los rebeldes franceses. Dos años más tarde Luis pasó de Flandes, para socorrer al Elector de Tréveris, que los españoles habían encarcelado en Bruselas, y, por represalia, asaltó a Lovaina.

Más o menos en el mismo periodo, es decir en 1632, Enrique de Montmorency, que se había sublevado contra su rey, fue encerrado en Tolosa en una cárcel construida hacía poco *(nueva)*. Luego fue entregado a un soldado que debía decapitarle, y que así lo hizo, en efecto, el 13 de octubre, no en el lugar destinado a las ejecuciones, que se encontraba en una plaza pública, sino a los pies de la estatua de Enrique IV, que había sido en vida padrino del condenado.

Podría creerse que ésta era la *pena ejemplar,* a la que había aludido Nostradamus; en cambio, lo que es realmente más extraordinario aún, ¡el vidente predijo hasta el nombre del soldado que debía cortar la cabeza de Montmorency, que se llamó exactamente *Clarepeyne!*

Por lo que se refiere a Montmorency, Nostradamus le aplica el calificativo de "grande", por cuanto con ese adjetivo se le conoce en la historia, puesto que a los diecisiete años era ya almirante de la flota real.

No faltan otros ejemplos parecidos en las *Centurias;* y hay quien reputa positivamente que Nostradamus, si lo hubiera querido, hubiese podido revelar hasta los nombres de las personas y de los lugares a que se referían los acontecimientos previstos por él. Él mismo, por otra parte, en el prefacio de las *Centurias,* dirigido a

Enrique II, declaraba que hubiera podido indicar exactamente las fechas mismas.

Luis XIV

Citemos otra cuarteta más, que tiene una importancia particular, por cuanto, hallada entre los manuscritos del vidente, fue agregada a las *Centurias,* en 1605, es decir, cuarenta años después de su muerte:

> *Quand le fourchu sera soustenu de Jeus paux*
> *avec six demy corps et six ciseaux ouverts,*
> *le tres puissant seigneur, héritier des crapaux*
> *alors subjuguera sous soy tout l'Univers.*

Lo que literalmente traducido, quiere decir:

Cuando el ahorquillado sea sostenido por dos palos con seis medios cuerpos[5] y con seis tijeras abiertas, el muy poderoso señor heredero de los sapos, subyugará todo el universo.

En el primer momento, diríase que estos versos son todavía algo más abstrusos y complicados que una adivinanza, y que, además, parecerían carecer totalmente de sentido. En cambio, he aquí la interpretación ofrecida por los estudiosos que la han comentado:

Los primeros dos versos indican una fecha:

Cuando el *ahorquillado* (es decir la V) sea *sostenido por dos palos* (es decir una V, que con los dos rasgos —palos— verticales unidos a los costados como sostenes, se torna M) con seis medias esferas o medias lunas (la C) y con seis tijeras abiertas (la X).

¿Qué resulta de esto?

Una M, seis C, seis X, es decir, un MCCCCCCXXXXXX, número romano que se lee 1660.

El heredero de los *sapos* es el rey de Francia, es decir, el heredero de los Merovingios, cuyo emblema era el sapo, como para los descendientes de Capeto lo era el lirio.

---

[5] El autor, un poco por seguir a los comentadores de Nostradamus y otro poco por una interpretación personal, traduce *Corps* por cuernos, haciendo notar que el vidente hubiera debido escribir *cors.* Es posible. Pero dado que estos *demy corps* significan unas *C,* parece obvio traducirlos como *medios cuerpos* o esferas considerando que la *C* se asemeja mucho a media esfera. Es además lógico que un astrólogp como Nostradamus, acostumbrado a llamar los planetas *cuerpos celestes,* empleara pues la palabra *corps.*

La profecía pues significa:

"En el año 1660 el gran señor de Francia conquistará a todo el mundo", o bien "será el mayor soberano del mundo".

Veamos ahora lo que sucedió en 1660.

En ese año Luis XIV casó a María Teresa de España, después de haber firmado, hacia fines de 1659, la llamada Paz de los Pirineos.

En los primeros meses de 1661 murió el Cardenal Mazarino, quien, en su calidad de primer ministro, había concentrado en sus manos todo el poder. Y Luis, a los veintidós años, se convirtió en el verdadero autócrata de Francia, el Gran Soberano del mundo civilizado, venciendo reiteradamente a sus enemigos.

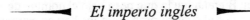

◀ El imperio inglés ▶

La mayor parte de las profecías de Nostradamus se refieren a Francia y al mundo latino; pero no faltan las que corresponden también a otros países y estados, como por ejemplo, Inglaterra.

Tomemos, como muestra, la cuarteta No. 100 de la décima *Centuria:*

Le Grand empire sera par Angleterre
le pempotam des ans plus de trois cens.
Grandes copies passer par mer et terre,
les Lusitains n'en seront pas contens.

Traducido literalmente esto significa:

El gran imperio será para Inglaterra (y quedará) *el más poderoso*[6] *por más de trescientos años. Gran abundancia pasará por mar y tierra. Los portugueses no estarán nunca contentos.*

Ahora bien, en la época de Nostradamus, Inglaterra era una de las potencias menores de Europa; y la destrucción de la gran escuadra española llamada la *Invencible Armada,* que robusteció grandemente su poderío marítimo, aconteció en 1588, es decir, veintidós años después de la muerte del vidente.

En ese momento comienza la verdadera ascensión de Inglaterra hacia la mayor potencialidad, y no caben dudas de que hom-

---

[6] La palabra, deliberadamente misteriosa *pempotam* parecería compuesta con el griego *pam* (todo), que escrito *pem* se podía pronunciar precisamente *pam* y con el latín *potens,* que leído a la francesa trocaba en *potam.* Licencias nada nuevas para Nostradamus, por cuanto trataba de ser lo más oscuro posible, a pesar de querer predecir la verdad. Así *pempotam* equivaldría literalmente a "potente en todas partes".

bres y mercaderías han pasado por los mares y por las regiones del mundo, en cantidad enorme, durante el curso de la historia imperial de esa nación.

Y que los portugueses (lusitanos) y también los españoles no podían estar muy contentos con esta circunstancia, es cosa muy fácil de comprender. En efecto, basta tener en cuenta que los portugueses, por ejemplo, eran los europeos que dominaban en la India, y los españoles tenían grandes posesiones en las Indias Occidentales.

Un famoso comentarista francés de Nostradamus, Charles Nicollaud, aludiendo a la oscura e imprecisa indicación "por más de trescientos años", recuerda que lo que dio el mayor impulso a la marina de Gran Bretaña fue lo que pasó bajo el nombre de *English Navigation Act,* por el cual se prohibía a los barcos extranjeros la importación en Inglaterra de mercaderías que no provinieran de regiones pertenecientes a la corona británica. Este *Navigation Act* fue promulgado en el año 1651. Si se agregan a esta fecha los tres siglos del caso, dice el comentarista, se puede considerar como fecha de la declinación o destrucción del poderío inglés el periodo que va desde 1941 a 1951. Para esta época ya se habrá visto. Claro que Nicollaud no era por cierto Nostradamus.[7]

---

[7] Con el mayor respeto por el autor y por sus preocupaciones patrióticas, o mejor dicho raciales, se puede observar aquí que Nostradamus en la cuarteta citada no ha definido la duración del periodo de la decadencia del Imperio Británico, pero sí el hecho. Un "profeta" es siempre tal, aun cuando revela verdades desagradables, y el mismo autor lo ha manifestado más de una vez. De cualquier manera, que el poder naval inglés con el relativo "imperio" comience con la destrucción de la armada española en 1588 o con el *English Navigation Act,* el hecho es que se puede creer a Nostradamus en esto como en tantas otras, y el periodo citado debería concluir poco más allá del siglo XIX y no ciertamente más lejos de la fecha indicada por el comentarista francés.

Otras notables profecías de Nostradamus

El comentarista francés citado anteriormente, Charles Nicollaud, llama la atención de los estudiosos sobre ese "olfato" o sentido especial (sexto sentido) que pareció poseer Nostradamus para presentir las revoluciones futuras.

En efecto, no sólo predijo la Revolución Francesa, sino también la inglesa de 1648, que se cumplió en realidad alrededor de un siglo después de su muerte.

En la cuarteta No. 22 de la décima *Centuria* afirma que *el rey de las islas será expulsado por la fortuna, y en su lugar subirá alguien* (Cromwell, con toda evidencia histórica), *que no tendrá en su persona un solo rostro de realeza,* y en otro lugar anuncia muy abiertamente:

Senat de Londres mettront à mort leur Roy.

Vale decir: *El Senado de Londres* (el Parlamento) *mandará al rey a la muerte.*

Y Carlos I, como todos sabemos, después de haber sido sometido a proceso, con mayor o menor ecuanimidad, ante el Parlamento, fue condenado a muerte y decapitado.

Cromwell

Además, y tal vez llevado a ello por sus fervientes sentimientos realistas, porque aquí no se trata exclusivamente de una profecía, sino también de una apreciación del todo personal, el vidente, a propósito de Oliverio Cromwell, dice:

Plus Macelin que Roy en Angleterre.
Lieu obscur n'ay par force aura l'empire.
Lasche sans foy, sans loys saignera terre.
Son tempe s'approche si prés que je soupire.

Lo que traducido suena: *Más Macelino que rey en Inglaterra, venido de la oscuridad, se apoderará a la fuerza del imperio. Cobarde sin fe ni ley, verterá sangre en su tierra.* (Literalmente: *la sangrará). Su tiempo se* acerca tanto, que yo sufro.

Ahora bien, Macelino, o mejor Marcelino, fue un emperador romano que hizo degollar a sus propios esclavos. Y este juicio acerca de Oliverio Cromwell aparece como exageradamente severo.

Luego, siempre sobre el mismo argumento, en la cuarteta No. 65 de la octava *Centuria* escribe el vidente:

Le uieux frustré du principal espoir
il parviendra au chef de son empire.
Vingt mois tiendra le regne á gran pouvoir.
Tiran, cruel en delaissant un pire.

Es decir: *El viejo, anulado en su esperanza principal, llegará al apogeo de su imperio. Veinte meses conservará el reino con poderes absolutos. Tirano* (y será aún más que tirano) *cruel, dejando después de sí otro peor que él.*

Realmente, Oliverio Cromwell, después de haber disuelto el Parlamento en el año 1655, gobernó durante veinte meses a Inglaterra como un dictador absoluto. El nuevo Parlamento, en 1657, le ofreció la corona real, pero él la rechazó.

Por lo que dicen sus adversarios, hizo esta renuncia por razones políticas del momento, en la confianza de poder asumir la corona más tarde, es decir, cuando no fuera ya tan evidente y chocante la contradicción implícita en el hecho de que un republicano, después de haber derribado un trono y haber hecho ejecutar a un rey, tomara ingenua o atrevidamente su lugar.

No está, naturalmente, demostrado que movieran a Cromwell razones de esta naturaleza; de todos modos, según Nicollaud, es justamente esto lo que Nostradamus entendía decir o predecir en el primer verso de la citada cuarteta. Cromwell murió el año siguiente; y dejó el poder del gobierno a su hijo, el débil Ricardo, que debía ser "peor que él".

La declinación o decadencia de la monarquía francesa, comenzada con Luis XV; el *commun advénement* o advenimiento de las fuerzas populares al poder; Napoleón; los ataques contra el Papa-

do y la Iglesia: he aquí los argumentos que brindan a Nostradamus
el material para una serie de predicciones muy interesantes, casi
increíbles, y alguna de ellas de una lucidez y claridad impresionantes.

──────◀ *Luis XV y la regencia* ▶──────

Por ejemplo, la cuarteta No. 15 de la tercera *Centuria,* que citaremos en seguida, se refiere con admirable precisión a los acontecimientos que llevaron al trono de Francia a Luis XV y que determi-
naron la situación del estado francés en esa época.

Coeur, viguer, glorie, le regne changera.
De tous poinfs contre ayant son adversaire,
Lors France enfance par mort subjuguera,
Un grand Regent sera lors plus contraire.

Traduzcamos: *En el corazón, en el vigor, en la gloria, cambiará
el reino, teniendo en todos los puntos su adversario en contraposi-
ción* (¿Estará dicho en sentido general? Vale decir: ¿siendo el reino
combatido en todos los puntos?) *Entonces un niño subyugará a
Francia por muertes* (que habrán sobrevenido); *y un gran regente
será entonces aún más contrario* (al reino).

Y bien, el niño que subyugó a Francia, en el sentido que fue su
Benjamín, es Luis XV, quien subió al trono a la edad de cinco años,
después de la muerte del abuelo, el Delfín, y del padre, el duque de
Borgoña.

Francia quiso a este real niño con tanta simpatía y tanto afecto,
que le llamó Luis el Muy Amado.

El Parlamento nombró luego regente a Felipe de Orléans, apro-
vechando sin embargo de esa oportunidad para reclamar su "derecho de protesta". Pero, sea porque reconociendo ese derecho, la
monarquía comenzaba por perder su carácter netamente absolutis-
ta, sea porque la regencia determinó uno de los períodos de mayor
corrupción de la historia de Francia, es evidente de toda evidencia
que Nostradamus no previó acaso que "un gran regente" hubiera
llegado a ser entonces "más contrario", es decir, más perjudicial,
más fatal para la monarquía.

La cuarteta que sigue, la No. 38 de la quinta *Centuria,* es consi-
derada por la mayor parte de los intérpretes y comentaristas como
un parecidísimo retrato del rey Luis XV, tan diferente en energía y
capacidad de su predecesor, Luis XIV:

Ce grand monarque qu'au mort succedera
donnera vie illicite lubrique
par nonchalance a tuos concedera,
qu'á la parfin faudra la loy Salique.

Dicho en castellano: *Este gran rey que sucederá al otro falleci-*
do, llevará una vida ilícita (obscena) *y lúbrica. Por negligencia con-*
cederá a todos (a sus favoritos y especialmente a sus favoritas) *tan-*
to, que al final habrá que apelar a la ley sálica.

Nadie ignora que ninguno de los antecesores de Luis XV llevó
una vida tan escandalosamente disoluta como éste. Eran aquellos
los tiempos en que dominaban las favoritas, entre las que es suficiente citar a la marquesa de Pompadour y a la Dubarry; por eso el
último verso de la cuarteta debe ser interpretado de esta manera:

"Tanto dominarán las mujeres de esta clase, a las que, por debilidad, el soberano concederá todo, que al final será necesario repo-
ner en vigencia la ley sálica, por la cual se establece que deben
reinar solamente los varones";

De la *nonchalance,* de la inercia, negligencia o debilidad de
Luis XV, no es necesario hablar; basta recordar su famosa frase:

Aprés moi te deluge (Después de mí el diluvio).

◄ *Luis XVI* ►

Del sucesor, Luis XVI, Nostradamus ofrece un retrato y una profecía no menos sorprendentemente exacta.

Veamos, en efecto, la cuarteta No. 42 de la décima *Centuria,*
que se refiere al desdichado monarca:

Le trop bon temps de bonté royale,
Fais et deffais prompt subit negligence.
Legier croira faux d'espouse loyable.
Luy mis a mort par benevolence.

Y traducido: *¡Demasiado buen tiempo de real bondad! Él hace*
y deshace, de improviso luego negligente. Con toda liviandad
creerá las falsedades que le dirá su esposa digna de loa. (Otros
interpretan: *Levemente creerá las falsas ideas de una mujer por*
otra parte digna de alabanza). Por su benevolencia será condena-
do a muerte.

Como comentario de estos versos proféticos, citaremos lo que
escribió el canciller Pasquier en sus "Mémoires" sobre el periodo de
Luis XVI.

"Creo firmemente que nunca, aun desde el comienzo de la monarquía, Francia fue tan feliz como en este periodo.[8] He visto la magnificencia del imperio, y después de la Restauración veo formarse cada día nuevas fortunas que surgen y crecen; pero nada ha igualado, a mi entender, el esplendor de París en los años entre 1783 y 1789".

En ocasiones parecidas, Rivarol llegó a decir con una frase feliz que no ha caído en el olvido: *La maladie du bonheur les gagne,* es decir, "los afecta, los conquista la enfermedad de la dicha o de la buena suerte". Y la frase usada por Nostradamus, más de doscientos años antes, *le trop bon temps,* hace la misma impresión que la de Rivarol; nos muestra el mismo cuadro; nos lo explica además.

Por lo que se refiere al resto de la profecía, tan sorprendentemente exacta, hay que reconocer que hacía falta una gran valentía, un gran atrevimiento en el vidente, para predecir la ejecución de un rey de Francia, aun cuando ese soberano debía ser llevado al cadalso por su excesiva benevolencia.

Pero Nostradamus no se limita a eso; llega hasta delinear los detalles de la fuga de Luis XVI de París, en una cuarteta (la No. 20 de la novena *Centuria)* que, por cuanto nos aparezca oscura, es interpretada por la mayoría de los comentaristas en el sentido que el rey y la reina habrían partido de noche de la capital, y habrían sido detenidos y arrestados en Varennes (como realmente aconteció); después la fuga habría causado tanta indignación y tal tempestad en la nación, que al final se habría vertido la sangre real, decapitando al soberano.

*De nuict viendra dans le forest de Reines
deux pars caultorte Hene la pierre blanche.
Le moyne noir en gris dedans Varennes,
esleu cap cause tempeste, feu, sang, tranche.*

Esta cuarteta ha sido interpretada por los estudiosos de tan distintas maneras, que no es posible dar su traducción exacta. Las claras indicaciones de Varennes y de la decapitación, son impresionantes, sin embargo. Todos, pues, concuerdan, repetimos, en considerar que se refiere a la fuga del rey y de la reina, de París, lo que parece evidente.

---

[8] Debe entenderse, sin duda, la Francia de los aristócratas, pues todos saben lo que sufría el pueblo.

En una de las cuartetas subsiguientes de la misma *Centuria,* es decir en la No. 34, el vidente es todavía más minucioso y detallista, acerca de las tribulaciones del desdichado rey:

> *Le part soluz mary sera mitré*
> *retour: conflict passera sur la thuille*
> *par cinq cens: un trahyr sera tiltré,*
> *Narbon: et Saulce par coutaux avous d'huile.*

Le Pelletier, el editor más esmerado y el comentarista más inteligente de las *Centurias,* después de haber explicado las locuciones pertenecientes al antiguo francés, traduce esta cuarteta de la manera siguiente:

Después de su retorno a Varennes, el marido será cubierto con la mitra, Un conflicto se desarrollará en las Tullerías (residencia regia que tomó el nombre de la antigua forma *thuille,* teja). *Un traidor titulado será Narbon; y otro Sauce* (en francés antiguo Saulce) *guardián de los odres de aceite de sus entenados.*

No cabe la menor duda de que en la forma exterior Nostradamus es aquí más que nunca enigmático, oscuro; pero él mismo afirma que trató a menudo de expresarse deliberadamente en tal forma, como, por otra parte, todos los profetas, los videntes, los oráculos y los adivinos, que se expresan siempre por metáforas. Pero, no bien se logra penetrar en estas tinieblas, se halla previsto en forma que sorprende, un grave periodo de la historia de Francia, y eso en poquísimos versos.

Veamos, pues. Una fecha fatídica de la Revolución Francesa fue el 20 de junio. El 20 de junio de 1789 los diputados del Tercer Estado en el frontón de criquet, juraron no separarse; el 20 de junio de 1791 Luis y María Antonieta huyeron de París; el 20 de junio de 1792 se efectuaron las manifestaciones en masa de los Girondinos, el asalto a las Tullerías y la imposición al rey del gorro frigio. Todos sabemos, en efecto, que el débil monarca "consintió" —eufemismo en este caso equivalente a "se dejó imponer"— a aparecer al balcón con el gorro frigio enfundado en la cabeza.

Cabe notar aquí que las mitras episcopales, en los tiempos de Nostradamus, eran precisamente de color rojo, de seda roja, como el gorro republicano, tanto que resulta evidente la amarga y dolorosa ironía con la que afirma que el rey sería "cubierto con la mitra" *(mitré).*

Finalmente, Luis, *le part soluz mary,* se hallaba realmente solo en la sala del *Oeil-de-Boeuf,* cuando tuvo que aceptar la imposición del gorro frigio; María Antonieta, en efecto, se hallaba con el Delfín en la sala del Consejo.

Por lo que atañe al palacio de las Tullerías, al cual Nostradamus alude con impresionante claridad con la palabra *thouille,* de la cual tuvo origen, lo repetimos, el nombre del famoso edificio, es digno de notar que no existía aún en la época del vidente.

En efecto, Catalina de Médicis comenzó la construcción de ese palacio, sobre un terreno en el cual había existido una fábrica de tejas, o *tuiles,* recién en el año 1564, es decir, mucho tiempo después de la publicación de las *Centurias* de Nostradamus.

Entonces la residencia usual y normal de los reyes de Francia en París era el Louvre; y en la época de Luis XVI los soberanos residían generalmente en Versalles.

Fue el 5 de octubre de 1789 que el pueblo obligó a los soberanos a tomar habitación en las Tullerías. Los quinientos que asaltaron este palacio residencial fueron los federales de Marsella, que, con la masacre de la Guardia Suiza, pudieron penetrar en las reales habitaciones.

Por lo que entran en la cuenta Narbón y Sauce, de quienes habla Nostradamus, he aquí quiénes eran. El conde Luis de Narbona-Lara fue ministro de guerra de Luis XVI. Hijo de una hija natural de Luis XV, había sido educado en la corte y había llegado a ministro a la edad de treinta y seis años. De él se decía que en esos años de calamidad jugaba a un "doble juego", es decir, trataba de congraciarse al mismo tiempo a la aristocracia y al pueblo, con la única consecuencia que resultaba sospechoso para una y otro.

Más tarde fue de improviso alejado de su altísima situación con una cortante y fría carta real. Su carrera en lo sucesivo tuvo varios altibajos, pero no es bien conocida; sólo sabemos que llegó a ser embajador de Napoleón en Viena. Desde el punto de vista de Nostradamus, ferviente monárquico, no podía ser por lo tanto más que un traidor, y el vidente ha de haber "visto" algo que lo determinará a condenarlo así y que la historia no nos ha dicho.

Sauce, o en la antigua forma francesa: Saulce, fue un pequeño mercader y hostelero, intendente de Varennes; fue él quien reconoció en esa ciudad al rey, que vestía un sobretodo gris (el *moyne noir en gris* de la penúltima cuarteta citada más arriba), haciéndolo detener y llevar de vuelta a la capital como prisionero. Sauce descendía de una familia de pequeños comerciantes, y eso explica por qué Nostradamus dice con ironía, que "era guardián de los odres de aceite de sus entenados". Además se sabe también que, precisamente en el negocio de Sauce, María Antonieta permaneció varias horas sentada entre varias pilas de velas de sebo, conversando con la esposa del hostelero. De paso diremos que, por el arresto del rey, la Asamblea decretó una recompensa de veinte mil *livres* a Sauce por su acto de patriotismo.

Ahora bien, después de haber citado estos ejemplos, necesariamente pocos por la carencia de espacio y por la necesidad de evitar el aburrimiento, ¿es extraño que generaciones de estudiosos y comentaristas hayan sido atraídas por las *Centurias* de Nostradamus, para tratar de explicar sus predicciones y levantar así el velo que las envuelve por expresa voluntad del mismo autor? Y ¿puede sorprender tal vez que Goethe, como ya recordamos en una cita anterior, hiciera decir a Fausto: *Pero, entonces fue un dios el que escribió estas páginas...?*

No, no fue un dios, sino un ser humano extraordinario y absolutamente excepcional, con su historia cabalmente humana, que veremos cómo fue vivida, en las páginas que siguen.

El mayor vidente de Europa

La Gran Dispersión (diáspora) de los Judíos, que tuvo lugar después de la caída de Jerusalén y la destrucción del templo por orden de Salomón, en el siglo primero, desbandó a los vencidos en casi todo el mundo entonces conocido, es decir, en Egipto, en los distintos países de Europa, y hasta en la China. Un número considerable de prófugos (libres éstos en el sentido de que no habrían sido llevados en esclavitud por los romanos vencedores) se refugió en la Provenza, donde algunos se convirtieron en comerciantes de especias, de sedas, de ricas telas que importaban de Oriente; otros llegaron a ser médicos, artistas, maestros, y en su mayoría se convirtieron al cristianismo.

◀ El origen de Nostradamus ▶

Mas, sobre todo, se dedicaban a la medicina los más doctos entre ellos, tal vez porque esta ciencia no había aún progresado mucho y en cierto modo se fundía con la astrología como veremos más adelante.

El buen rey Renato de Provenza tenía en su corte dos de estos médicos-astrólogos: Juan de Saint-Rémy y Pedro de Notre-Dame, ambos no sólo versados en su ciencia, sino profundos en asuntos del espíritu y sabios en general, tanto que pasaban por los más estimados consejeros del rey.

Era por lo tanto natural, en consideración a su amistad mutua y por el hecho de ser colegas, que teniendo uno de ellos un hijo y el otro una hija, estos vástagos se casaran; y así fue que de la familia fundada en esa forma, nació en 1502 Miguel de Notre-Dame o Nostradamus, como se hizo llamar más tarde el vidente. Había venido a este mundo en circunstancias excepcionalmente favorables, por tener como abuelos dos entre los hombres más doctos de esa época, provistos de extraños y misteriosos conocimientos, desconocidos para la gran mayoría de los mortales.

La educación del nieto fue iniciada por el abuelo materno, Juan de Saint-Rémy, que le enseñó no sólo las letras, el latín, el griego, el hebraico, sino también las matemáticas y esa combinación de astronomía y astrología que entonces se conocía por el nombre de "ciencia celeste".

Afirma un viejo proverbio oriental, que "astronomía y geometría son adornos de la sabiduría"; y el nieto de los dos grandes médicos, que al mismo tiempo eran astrólogos y cabalistas, tuvo la oportunidad de "adornar su sabiduría" con esos y otros conocimientos más.

Los entenados de Miguel se habían convertido al cristianismo ya algunos siglos antes; sus nombres por lo tanto no fueron incluidos entre los que comprendía el edicto coercitivo, promulgado por el rey de Francia, Luis XII, heredero del reino de Provenza a la muerte del rey Renato; el futuro vidente había nacido; por decirlo así, en el seno de la Iglesia Católica, a la que permaneció siempre muy fiel, durante toda su vida.

Cuando falleció Juan de Saint-Rémy, lo reemplazó en la educación del niño el otro abuelo, Pedro de Notre-Dame, que completó muy sabiamente esa educación. Así Miguel, terminados sus estudios en letras en Avignón, se sintió llevado naturalmente a ocuparse de los estudios médicos y fue a inscribirse en la más famosa facultad de medicina de Francia, por ese entonces: la Universidad de Montpellier.

◀ *Nostradamus y la peste* ▶

Durante la permanencia del joven Nostradamus en Montpellier, hizo su aparición en esa ciudad una terrible plaga, nada rara por aquellos tiempos en Europa: la peste bubónica. Y Montpellier se trocó en un infierno. Si terrible era realmente la pestilencia fatal, más terrible era seguramente el miedo, que hacía más víctimas que la misma epidemia. Hasta las nubes, por su forma, se interpretaban en sentido pesimista y amenazador; y había quien veía en ellas siniestras figuras monstruosas, armadas de espadas y lanzas contra la población atemorizada. A veces era suficiente la presencia de un médico para infundir a un hombre sano un terror tan grande que sin más, enfermaba.

Los médicos que atendían a los enfermos de peste llevaban, sobre la camisa empapada profilácticamente de aceites y medicamentos protectores, un traje de cuero, que debía resistir a la infección. En la boca llevaban, por prevención, un diente de ajo, que al hincharse les inflamaba el paladar; y las narices se protegían con cucuruchos de algodón, los ojos con gruesos discos de vidrio encastrados en una máscara de tela. Muchas mujeres perdían el conocimiento al ver esas terribles figuras y, a menudo, al volver en sí, perdían de nuevo el sentido al oír la campanita que anunciaba el paso de un carro cargado de cadáveres. A veces, ese segundo desmayo era el último también.

A Nostradamus, que en su calidad de estudiante acompañaba a los maestros tan grotescamente disfrazados, la manera de curar la peste, y que consistía en gran parte en fumigaciones con esencias olorosas y áloe —si los pacientes eran ricos, con ámbar y almizcle—, se le antojaba inadecuada y mezquina. Era obvio que la enfermedad no había sido estudiada profundamente; Nostradamus, a la inversa de sus maestros, tenía puesta su fe en la eficacia de una observación persistente y atenta y en el examen de las secreciones del enfermo; pero los maestros eran mucho más poderosos que él y seguían manteniendo las antiguas costumbres.

Pero, cuando se supo que también en la campiña de la región se había propagado la epidemia, y que ésta despoblaba especialmente las pequeñas aldeas, Nostradamus vio en ello la oportunidad que esperara hacía tanto tiempo; y seguro de poder así actuar independientemente de los otros médicos, fue al campo, para poner a prueba sus propios sistemas.

◀ *¿Un precursor?* ▶

Cuatro años largos deambuló Nostradamus por el mediodía de Francia, curando a los apestados y otros enfermos: estuvo en Narbona, Carcasona, Tolosa, Burdeos y Avignón. Y lo más curioso era que los casos tratados por el joven estudiante, que no había alcanzado todavía el título de doctor, concluían siempre o casi siempre en la curación. Uno de sus biógrafos cree que, tal vez, el médico vidente fue un precursor de la profilaxis antiséptica, lo que no tendría nada de extraño en un hombre tan extraordinario, dueño de tantos conocimientos misteriosos, ajenos a muchos sabios de su tiempo.

Su celebridad no tuvo ya límites, cuando se le llamó a la cabecera del legado pontificio de Avignón, el cardenal de Claremont, Gran Maestre de la Orden de los Caballeros de Rhodas, que prefirió ese estudiante a los mejores médicos de la ciudad.

También entre los que curaban a los apestados había muchos que, a pesar del traje de cuero y de las esencias perfumadas, caían víctimas del mal; pero hubiérase dicho que el joven Nostradamus tuviera la protección de algún extraño talismán, por cuanto no se contagió nunca, a pesar de transcurrir la mayor parte de su tiempo entre los enfermos; siempre rubicundo y fuerte, infundía confianza por su mismo aspecto rozagante en quienes le llamaban en su ayuda.

Sólo cuando la plaga se extinguió, Nostradamus, que tenía en ese entonces veintiséis años, hizo retorno a Montpellier y, ante toda la facultad y gran número de ciudadanos que habían acudido a oírle, desarrolló su tesis, correspondiente hoy a la tesis de láurea, broche final del estudio universitario.

Como cabía esperar, a pesar de la hostilidad de los maestros reacios a la innovación, el joven triunfó plenamente y recibió el gorro de cuatro puntas, la capa de terciopelo con adornos de armiño y el cinturón dorado que constituían el ropaje de los miembros de la Hermandad de Hipócrates.

Libre ya de las trabas académicas, el nuevo doctor, que en esos años había aprendido a tener gusto por el aire libre, recomenzó su vida de viajero, acogido por doquiera con verdadero reconocimiento por todos aquellos a quienes había salvado de la muerte. Las niñas le llevaban flores y le besaban las manos, y los ancianos lo colmaban de regalos. Muy a menudo también se le invitaba a pernoctar en las casas de los que tenían para él deberes de gratitud, fueran ellas tugurios o palacios.

Durante dos años Nostradamus no hizo más que recorrer en todo sentido la Provenza y el Languedoc. Conoció así al primer crítico literario, el filósofo-poeta Julio César de la Scala, que vivía en Agén, la vieja ciudad de Carlomagno; y permaneció largo tiempo cerca del filósofo, que le brindaba interesantes discusiones sobre temas elevados y nobles. Y fue en Agén, donde casó con Adriéte de Loubéjac, que le hizo padre de dos hermosos hijos.

Mas el destino tiene oscuros designios y extrañas injusticias. Nostradamus, que había arrancado a las garras de la muerte a tantos extraños, no pudo salvar a los que amaba sobre todo en este mundo; y en breve lapso, inesperadamente, perdió a la esposa y a los hijos.

Y el famoso médico volvió a estar solo; esta vez más amargamente solo.

El vagabundo doliente

Comenzó nuevamente a peregrinar. No cabe duda de que, viajando sobre su mula, tuvo ocasión y tiempo de reflexionar largamente acerca de todo lo que le había acontecido; y fue entonces tal vez frente a la amarga ceguera humana acerca del porvenir, que sintió la necesidad de profundizar la misteriosa ciencia que debía, precisamente, rasgar ante sus ojos el velo del porvenir. No es posible decir si, en cambio, habrá sido otro impulso independiente del aguijón de la pena y de la amargura, el que dio a su alma esa nueva luz que lo convirtió en vidente, en profeta.

Muy poco, en efecto, sabemos de lo que hiciera en esos años, con excepción de sus visitas a Italia, y especialmente a Milán, Génova y Venecia. Positivamente está comprobado que en Italia consultó a muchos sabios, alquimistas y videntes, y que fue precisamente por esa época que se reveló en él su fantástico don de profetizar. De ese don maravilloso, en efecto, dio por primera vez prueba en Italia.

Una predicción excepcional

En una pobre aldea perdida en la campiña de Ancona, vio un día a un joven fraile franciscano, de nombre Félix Peretti, y en seguida se arrodilló ante él, con toda humildad. Al preguntarle los otros monjes presentes la razón de ese su extraño y exagerado homenaje a un pobre fraile oscuro y desconocido, contestó:

—¿No debo, pues, arrodillarme frente a Su Santidad?

Los frailes no comprendieron en ese momento la predicción implícita en el acto y en la respuesta, y olvidaron. Sin duda recordaron la profecía cuando Félix Peretti, humilde franciscano, llegó a ser el cardenal de Montalto, y, luego, en 1585 el Papa Sixto V.

Del monasterio al lazareto

Solo en el mundo, Nostradamus se retiró por un tiempo en un monasterio, la abadía de Orval, en la que observó la severa regla monástica de esos hermanos, que entre otras cosas prescribía el rezo de los *Maitines* a las dos de la madrugada. No permaneció mucho en el monasterio, porque le llegó la noticia del estallido de la peste en Marsella, donde fue a ejercer su arte y su apostolado. Y al poco tiempo, fue a verle una diputación de ciudadanos de Aix, que le solicitaban con apremio fuera a salvar a esa ciudad de la peste que hacía estragos en la población desde hacía más de seis meses.

Nostradamus fue a Aix, convertida en un cementerio, con las casas vacías en su mayor parte, y el lazareto repugnante tan lleno, que a menudo seis enfermos yacían en un mismo camastro.

El vidente venció nuevamente a la vieja enemiga. La comuna le asignó una elevada pensión, en agradecimiento por sus desvelos y sus milagros, y muchos ciudadanos le llevaron riquísimos regalos de dinero, que él distribuyó inmediatamente entre las viudas y los huérfanos de los muertos de peste.

Después de haber realizado casi idéntica tarea en Lyon, Nostradamus fijó finalmente su residencia en Salon, en la Provenza, a la edad de cuarenta y cuatro años, poniendo fin de esa manera a su vida de vagabundo benéfico. Y allí volvió a casarse.

◄ *El brujo* ►

Pero también hasta Salon llegaban de lejos personajes de dinero y alcurnia, para consultar su sabiduría. Y muy pronto la sosegada pequeña ciudad alcanzó una prosperidad insólita, gracias precisamente a los numerosos visitantes que trataban de acercarse al vidente, a quien los médicos rivales daban el peligroso nombre de "brujo".

En realidad, la acusación de brujería tenía en apariencia alguna justificación, en el modo en que Nostradamus había organizado su vida, en esos tiempos de ignorancia y superstición. Pasaba los días en el piso alto de su cómoda casa, entre enormes libracos escritos en los más distintos idiomas, y extraños instrumentos, como astrolabios, espejos mágicos, varitas de adivinación y otros objetos que la Iglesia no podía considerar como ortodoxos. Y, a pesar de ello, Nostradamus era un católico piadoso, practicante, amigo de cardenales y papas, y creía —como él mismo explicara una vez a su único discípulo, que fue también su biógrafo, Juan Aymes de Chavigny— que con excepción de los cálculos astrológicos, el que anuncia las profecías debe ser animado por el espíritu profético, que "es un don de la Providencia". En efecto, como afirma uno de sus comentaristas, poseía algo así como una segunda visión, una suerte de sexto sentido, que en su caso era innato y tal vez hereditario.

◀ *El sepulcro del "Gran Romano"* ▶

Hay más; es decir, el método de los cálculos de Nostradamus era radicalmente distinto del usado por todos los astrólogos de su tiempo.

Un comentarista reciente, P. V. Piobb, que en 1927 publicó un libro intitulado *Le secret de Nostradamus,* cree haber encontrado la llave del sistema usado por el vidente de Salon, y eso en una de las cuartetas de sus *Centurias,* en las que las palabras *Grand Romain* están escritas en letra cursiva.

Según Piobb habría que proceder de esta manera:

Se traza un círculo, y en puntos equidistantes del mismo se dibujan las letras que componen las dos palabras latinas: *floram patere.* Desde los puntos en que se hallan ubicadas las vocales, *o, a, a, e, e,* se trazan líneas rectas, y uniendo sus extremidades se forma un rectángulo aproximado que sería la figura geométrica designada como el *sepulcro del Gran Romano.*

Con la ayuda de esta fórmula y con los planetas de la constelación de Venus, Nostradamus habría logrado sus resultados extraordinarios. Reputamos que para la mayor parte de los lectores, incluyendo al que esto escribe, no bastarían ni veinte *sepulcros del Gran Romano* ni cien constelaciones para que el asunto se tornase claro y accesible, así que no vale la pena insistir en él. Hemos citado el detalle, solamente como curiosidad.

◀ *Sabiduría hebraico-egipcia* ▶

El mismo Nostradamus declara haber quemado algunos viejos libros egipcios, después de haber aprendido de memoria su contenido. Esos libros, procedentes de Egipto y de la antigua Persia de los Magos, los había heredado de uno de sus abuelos.

Ahora bien, se preguntan sus biógrafos Moura y Louvet, ¿qué se llevaron los hebreos de Egipto, en el momento del Éxodo? Sin duda, oro y plata, pero también algo más precioso, por cierto.

"Los judíos —dicen los citados autores en su libro *La Vie de Nostradamus*— a buen seguro no dejaron de apoderarse de todos

los documentos posibles, que se hallaban en la cámara de inicia-
ción egipcia, de todas las fórmulas geométricas, cosmográficas y
algebraicas empleadas más tarde en la *Torah* y en la construcción
del Templo de Salomón. Luego, un mal día, los romanos destruye-
ron ese templo, donde se guardaban con severa custodia esas fórmulas, aun cuando ya el edificio no fuera el primitivo; pero antes
que ello ocurriera, las fórmulas habían desaparecido. No se ignora,
expresado en otra forma, que cuando los gentiles entraron en el
Santa Sanctorum, éste estaba vacío".

¿Dónde habían ido a parar documentos y fórmulas de tal valor?
Se sabe solamente que nunca más se hallaron. Pero, según lo afirman los biógrafos de Nostradamus, debieron ser transmitidos de
padre en hijo entre los descendientes de Issachar, que vivieron siempre en las cercanías del Templo y del rey de Jerusalén.

En un prefacio a una parte de sus *Centurias,* dirigido al hijo
César (vástago de su segunda esposa), Nostradamus declara no haber
querido conservar ciertos "volúmenes que habían estado ocultos
por muchos siglos", y que por ello, después de haber aprendido de
memoria su texto, los había quemado. Y agregaba que, mientras
ardía el fuego, el pergamino daba "una llama más brillante que cualquier otra llama ordinaria, tanto que le había parecido que una luz
sobrenatural alumbrara de improviso la habitación..."

Sea como fuese, virtualmente todos los biógrafos, los comentaristas y los intérpretes de Nostradamus están de acuerdo en atri-
buirle una sabiduría infinitamente superior a la normal y otra tanta
clarividencia. Cien años antes que Newton, en efecto, el vidente de
Salon había tenido en cuenta, en sus cálculos, la ley de gravedad y
también la ley elíptica que tomó su nombre de Képler, que nació
varios años después de su muerte. Además, aun cuando afirmara
que nada había hecho que fuera maravilloso y que había "recibido
en su nacimiento ciertos aspectos astrales que le habían inclinado y
decidido a esa labor", proclamando además que todo "viene de
Dios", era considerado como el mayor vidente de sus tiempos, y
solía estar por la noche sentado ante una vasija de cobre llena hasta el borde de agua —la vasija mágica— probablemente en un
estado de auto-hipnosis.

También de noche transcribía sus visiones en esas *Centurias* que
siguen siendo objeto de un profundo estudio.

Aprés la terrienne mienne extinction
plus fera mon'écrit qu'á vivant...

Así escribió: *Después de mi extinción terrenal, mis escritos harán más que durante mi vida...*

◀ *Combatido y exaltado* ▶

La primera edición de las *Centurias* se publicó en marzo de 1555, por Macé Bonhomme, impresor de Lyon; y su éxito fue indecible. Toda la corte, todos los mayores personajes de Francia y del continente europeo, no podían hablar de otra cosa. Se consideraba a Nostradamus como un prodigio.

Poetas hubo que le enviaron versos de exaltación, y muchos extranjeros hicieron largos viajes para consultarle y visitarle. Salon —más exactamente Salon-en-Craux, en la Provenza— se convirtió en una ciudad famosa, con gran movimiento de berlinas y caballos hasta la puerta del vidente.

Sin embargo, no todos recibían del sabio consejos y predicciones; a muchos daba él contestaciones extrañas, misteriosas y desagradablemente ambiguas. Y si algún seudo filósofo mostraba dudar ante él de la verdad de la astrología era despedido con una frase hiriente que le hacía enrojecer hasta la raíz de los cabellos.

Era lógico y humano que los enemigos de Nostradamus, especialmente los médicos rivales, no vieran con buenos ojos esa enorme celebridad, y se desahogaran afirmando que era un poseso del demonio. Hubo uno entre ellos, un doctor Lorenzo Videl, quien publicó en Avignón un libro sobre *"Los abusos, las ignorancias y las rebeliones de Miguel Nostradamus"*.

Pero nada hicieron, en nada le conmovieron los amargos ataques que se le dirigieron. Baste decir que en el año 1564 Catalina de Médicis y su joven hijo Carlos IX, fueron de París a la Provenza para visitar al vidente, quien, como ya sabemos, había conocido antes a la reina. Fue esa prueba de gran monta para la pequeña ciudad de Salon, que por esos días estaba agobiada por una grave epidemia de peste, que aparecía y reaparecía con frecuencia en el sur de Francia; y los corregidores fueron obligados a enviar mensajeros por las regiones circundantes, para que intimaran a los habitantes que habían huido por temor al contagio, la vuelta a la ciudad, con el fin de que ésta ofreciera un aspecto menos desesperado y prepararan por lo tanto, un digno recibimiento a sus majestades.

Y cuando el intendente, al recibir en los lindes de la ciudad a los regios huéspedes, se preparó para endilgarles una elaborada oración de saludo y pleitesía, oyó decir bruscamente al pequeño rey:

—He venido para ver a Nostradamus.

Y nada más...

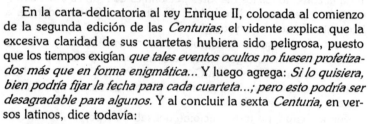

◀ Oscuridad deliberada ▶

En la carta-dedicatoria al rey Enrique II, colocada al comienzo de la segunda edición de las *Centurias,* el vidente explica que la excesiva claridad de sus cuartetas hubiera sido peligrosa, puesto que los tiempos exigían *que tales eventos ocultos no fuesen profetizados más que en forma enigmática...* Y luego agrega: *Si lo quisiera, bien podría fijar la fecha para cada cuarteta...; pero esto podría ser desagradable para algunos.* Y al concluir la sexta *Centuria,* en versos latinos, dice todavía:

Ponderen con madura reflexión los que lean estos versos; quede alejado el vulgo ignorante y profano; no se les acerquen todos los astrólogos, los imbéciles, los bárbaros. Y maldiga el Cielo al que hiciera diversamente.

Bien está, que "ponderen con madura reflexión todos los que lean estos versos"; pero, por cuanto se lean y se ponderen las *Centurias,* las palabras de los versos, como dice atinadamente uno de los comentaristas, "bailan en la mente, de manera que no se sabe bien si se oyeron cosas en sueños o expresadas en aquellos artificiosos lenguajes que tienen más sonido que sentido".

En resumen, Nostradamus quiso esa forma, ese velo; y tan vivo era su deseo de ocultar en ese momento el alcance de sus predicciones, que a menudo hasta las palabras más comunes están presentadas con anagramas, sin contar los nombres propios. Así *París* se troca en *Rapis, France,* en *Nercaf, Henryc* en *Chyren o Chryen.*

Las cuartetas del sabio vidente fueron definidas por uno de sus más famosos comentaristas, el citado Le Pelletier, como "un juego de naipes en versos, un calidoscopio cabalístico. Se acercan —agrega— mucho más a los Oráculos paganos del Egipto, de Grecia e Italia, que a las inspiraciones netas y sobrias de los Profetas Canónicos".

◄ *La revolución americana* ►

Pero, oscuras o no, inteligibles o indescifrables, merece la pena citar otras cuartetas del gran vidente. La que sigue, bastante clara, parece referirse a la revolución americana y al apoyo que recibiera del escocés Juan Pablo Yones. La citamos traducida:

El Occidente será libertado de las Islas Británicas; los descubiertos (los pueblos recientemente descubiertos) *estarán abajo, luego en lo alto. Piratas escoceses estarán sobre el mar rebelde en una noche lluviosa y caliente.*

◄ *De nuevo Napoleón* ►

Entre las cuartetas que se refieren a Napoleón, hay la siguiente, clara por demás:

Con un nombre que nunca tuvieron los reyes de Francia, nunca hubo rayo más temido. Temblará Italia, temblarán España e Inglaterra. Y será conquistado mucho por mujeres extranjeras.

¿Alude a la criolla Josefina de Beauharnais, la mujer extranjera que conquistó a Napoleón? Parecería...

◄ *Mazarino* ►

Volviendo hacia atrás en el tiempo, nos parece oportuno citar otra cuarteta, típica de las que quedan inexplicables hasta que no se halla la llave (generalmente en la historia) que las hace inteligibles:

Cuando Inocencio ocupará el sitial de Pedro, el siciliano Nizaram se verá en grandes honores; pero luego caerá en las infamias de la guerra civil.

Ahora bien, la clave de esta cuarteta la da el nombre de *Nizaram,* anagrama de Mazarino, es decir, el cardenal Mazarino. Y un comentarista, M. Garenciéres, anota a este respecto:

"Nada más claro ni más verídico que esta cuarteta. Y los que lo niegan podrían negar hasta la luz del sol. Veamos, pues. *Cuando Inocencio ocupará el sitial de Pedro* significa con toda evidencia, *cuando sea Papa un Inocencio.* Se trata, fuera de toda duda, por las relaciones con el resto de la profecía, de Inocencio X, elegido en 1644 y fallecido en 1655. Luego: *El siciliano Nizaram se verá en grandes honores;* y Mazarino, oriundo de Sicilia, alcanzó en esos años su mayor esplendor. *Pero luego caerá en las infamias de la guerra civil.* ¿No hubo, tal vez, la guerra civil de la Fronda, cuando se erigieron en París las barricadas y la corte tuvo que huir a Saint Germain? Muy claro, pues. Y, sin embargo, cuando leí por primera vez esta cuarteta, hace cuarenta años, la juzgué ridícula y sin sentido común".

Nos parece superfluo añadir que esta predicción fue escrita tres cuartos de siglo antes de los acontecimientos a que se refiere.

◄ *El año 1999* ►

Numerosas son las predicciones de Nostradamus, contenidas en sus cuartetas y que se refieren a lo que todavía es porvenir para nosotros también; y sería por cierto de sumo interés poder descifrarlas todas, lo que no se ha logrado.

Sin embargo, aquí y allá hay más de una de suficiente claridad, como, por ejemplo, la No. 62 de la décima *Centuria,* que empieza explícitamente de esta manera:

*L'an mil neuf cent nonante neuf sept mois
du ciel viendra un grand roy d'effarayeur...*

Es decir que, calculando el año astrológico que empieza en marzo, en octubre de 1999 un rey terrible, un jefe, asaltará a París desde el cielo, asustando grandemente a la ciudad. Agrega el vidente, que este rey tendrá consigo un ejército que hablará un idioma extranjero, es decir, no latino, ejército que no solamente tendrá armas terribles, sino también renos. Algún comentarista ha adelantado la hipótesis que, frente a una latente amenaza de una invasión europea por poblaciones asiáticas, la profecía de Nostradamus se refiere a las tribus de la Siberia septentrional, que usan los renos como caballos. Por otra parte el mismo Nostradamus, en otro punto, declara sin ambages que el invasor vendrá desde "Esclavonia", es decir desde Asia. Quien viva, verá...

◄ *El incendio de París* ►

Otras profecías, que se refieren a un futuro sin cumplirse aún, prevén para la ciudad de París guerras e incendios. En la cuarteta No. 98 de la sexta *Centuria,* se lee en efecto:

Instant grande flamme éparse sautera...

Es decir: *De improviso estallará una gran llama, que se extenderá por doquier.*

Y en la cuarteta No. 82 de la cuarta *Centuria:*

Pais la grande flamme êteindre ne saura.

Que traducimos: *Luego* (París) *no sabrá apagar la gran llama.*

De acuerdo con el vidente, el fuego caerá desde las alturas; lo que puede referirse o bien a nuevos métodos bélicos mediante la aviación, o bien a un fuego celeste, parecido al que destruyó las ciudades de Sodoma y Gomorra.

Y Nostradamus prosigue, en la cuarteta No. 84 de la tercera *Centuria:*

*La grande cité sera bien desolée,
des habitants un seul n'y demourra.*

En castellano y en prosa: *La gran ciudad será profundamente devastada y no quedará uno solo de sus habitantes.*

Han sido enumeradas y clasificadas más de treinta y cinco profecías que se refieren a la destrucción de la ciudad de París, y casi todas concuerdan en la afirmación qᵘᵉ la causa de esa destrucción será la guerra. Pero nadie —anota Piobb, el ya citado comentarista de Nostradamus— ofrece detalles tan minuciosos como el vidente de Salon, hasta por lo que se refiere a la época en la que ha de acontecer la catástrofe. En efecto, Nostradamus no era solamente un vidente, sino que también conocía matemáticas; y él fija para la destrucción definitiva de la Ciudad Luz la fecha del año 3420.[9]

La catástrofe final (¿física?) de Europa, que tendrá enorme repercusión e influencia en el resto del Universo, está anunciada para el año 7000, sin que se pueda decir cómo debe calcularse, y en ese año acontecerá el gran Diluvio, semejante al descrito en la Biblia. El desierto de Gobi volverá a ser un mar y la geografía de la Tierra será modificada sustancialmente por completo.

---

[9] Dejando a un lado el hecho de que esta fecha está en desacuerdo con la que establecen otras predicciones, se presenta la duda: ¿desde cuándo comienza Nostradamus el cómputo de los años, resuelto tan a la inversa por su deliberada oscuridad? ¿Puede entenderse el año 3420 después de Cristo? Es poco posible, en razón también de la profecía que le sigue inmediatamente. ¿O bien el vidente, de origen judaico, cuenta desde el Éxodo, o tal vez desde la llegada de Israel a la tierra de Canaan? Si fuera así, lo que parece más probable, la destrucción de París debería preverse para el final de nuestro siglo.

◄ *De la Alemania* ►

De las predicciones sobre Alemania, ésta es notable:

En Germanie naistront diverses sectes
s'approchant for de l'heureux paganisme...

Es decir: *Surgirán en Alemania diversas sectas que se acercarán*
mucho al feliz (¿despreocupado?) paganismo.

Y luego, siempre sobre Alemania:

Une nouvelle secte de Philosophes
mesprisant mort, or, honneurs, richesses:
Des monst Germains ne seront limitrophes,
a les ensuyvre appuy et presses.

Literalmente: *Una nueva secta de filósofos, que despreciarán*
muerte, oro, honores, riquezas; no estarán limitados por los montes
de Alemania[10] y tendrán apoyo de secuaces y de prensa.

◄ *Otras vicisitudes de Nostradamus* ►

Para reanudar la historia del vidente, consignaremos que, a pesar de su fama como "mago o brujo", se le tenía en muy alto honor
en Salon. Burgueses y campesinos, empero, lo temían en lugar de
amarlo, aun cuando se le debía la prosperidad de Salon. Y por
cierto, para inspirar ese temor han de haber contribuido su cara arru-
gada, sus ojos hundidos por las vigilias y el insomnio, y su barba
de dos puntas; sin embargo, cuando la pequeña ciudad tuvo que
preparar un digno recibimiento a los duques de Saboya, que de-
bían pasar por ella, los corregidores de Salon le llamaron para que
escribiera y recitara un poema en latín en honor de los ilustres huéspedes.

Por eso, durante un breve periodo, las desconfianzas se apaci-
guaron; luego, cuando los duques hubieron partido, el vidente volvió a su soledad tétrica de estudioso del misterio, respetado, pero al
mismo tiempo, temido.

---

[10] Esta versión se debe a varios comentaristas. La frase, sin embargo, parece que es
susceptible también de distinta traducción en este sentido; *no serán limítrofes a los*
montes de Alemania, significado que pertenecerán a regiones vecinas, no totalmente
lindantes con dichos montes. Por eso no se tratará solamente de alemanes. Pero ésta
también no pasa de ser una hipótesis.

Pero, cuando el protestantismo comenzó a difundirse cada vez más, y los campesinos católicos encontraron en eso la razón para asaltar a los sospechosos o a los malqueridos, y para saquear casas y posesiones, ni la devoción de Nostradamus por la Iglesia, ni la real protección, ni su constante asistencia a la misa, ni, en fin, su innegable bondad y generosidad, pudieron evitar que fuera insultado y amenazado con castigos corporales por los ignorantes pobladores de Salon.

Nostradamus era distinto a ellos, y por lo tanto sospechoso. Y cuando se luchaba en las calles y se rompían a pedradas los vidrios de las ventanas, la casa del vidente corrió la suerte de muchas otras. Hay algunos biógrafos, que creen que Nostradamus se hizo encarcelar espontáneamente, junto con su familia, para estar al cubierto de la muchedumbre enfurecida.

Mientras tanto la gota le torturaba cada vez más agudamente, y los enemigos se encarnizaban con todos los medios posibles contra el sabio. Un tal Charles Langlois publicó en el año 1560 un libelo intitulado: *Las contradicciones de Nostradamus,* en el que acusaba al vidente de falsedad en sus predicciones. Pero Langlois eligió muy mal el momento para lanzar ese ataque al sabio, pues las profecías del vidente se iban cumpliendo en forma tan exacta y maravillosa, que toda Europa hablaba de ellas

Enrique II había muerto como él lo había preanunciado; Francisco II lo mismo; y tanto era en las cortes el temor de que se cumplieran otras profecías, que el embajador de España escribía a su rey:

"Este Nostradamus, en lugar de ser protegido por los reyes, debería ser castigado, por ser él la causa de estas muertes".

Hubo, sin embargo, en esa época, algo bien distinto: el pequeño rey Carlos IX fue a visitar al vidente en Salon, y, cuando se retiró, para volver a París, le confirió el título de médico y consejero ordinario de Su Majestad.

Y otra vez, entonces, la pequeña ciudad provenzal se sintió orgullosa de su temido pero ilustre huésped. Demasiado tarde, por cuanto la gota y la hidropesía estaban ya por vencer al cansado anciano. Permanecía cada vez más recluido en su casa, donde recibía solamente a su discípulo Chavigny y dos o tres amigos. Revisaba sus *Centurias,* preparaba su testamento. Hasta había predispuesto el sepulcro en el que debía ser sepultado, ubicado en la pared de la iglesia de los Franciscanos, entre la puerta mayor y la capilla de Santa Marta. Expresó la voluntad de que se le sepultara verticalmente en ese muro, para que nadie caminara sobre su osamenta.

La muerte de Nostradamus

La noche del primero de julio de 1566 Chavigny, saludando a su amigo y maestro, pronunció la fórmula consuetudinaria: "Hasta mañana". Pero Nostradamus, sacudiendo tristemente la cabeza, murmuró:

—Mañana, al despuntar el día, no estaré ya aquí.

Y al día siguiente se le halló cadáver, con la cabeza apoyada sobre la mesa.

En una cuarteta que se refiere precisamente a su muerte cercana, el vidente había preanunciado:

De retour d'ambassade, don du Roy, mis o lieu,
plus n'en fera, sera allé a Dieu;
proches parcuts, amis, fréres du sang
trouve tout mort, pres du lit et du banc.

Es decir: *De vuelta de una misión, regalo del rey, en el acostumbrado lugar, nada más le pasará; él* (Nostradamus) *se habrá ido a Dios. Parientes cercanos, amigos, hermanos de sangre le hallarán muerto, cerca de la cama y del banco.*

Por mucho tiempo los habitantes de Salon, que le lloraron demasiado tarde, creyeron que no hubiese muerto realmente, sino que simplemente "se hubiese retirado más que nunca en su soledad, para entregarse en su casa, cuerpo y alma, a sus estudios". Pero los curiosos no se atrevieron a acercarse demasiado a esa parte del muro de la iglesia, donde alguien dijera que el vidente había encontrado su tumba.

Sobre el sepulcro había hecho grabar solamente esta inscripción:

"Quietem posteri ne invidete"

Su esposa, sin embargo, hizo añadir aun este epitafio:

Aquí yacen los despojos del muy ilustre Miguel Nostradamus, el único, a juicio de muchos mortales, digno de transmitir los acontecimientos futuros del mundo entero, con una pluma casi divina y en plena revelación con las influencias de las estrellas. Vivió sesenta y dos años, seis meses y diecisiete días. Murió en Salon en el año 1566. Que la posteridad no turbe su descanso. Ana Ponsart Gemelle, su mujer, desea al marido la verdadera dicha.

Más de una vez se calificó a Nostradamus como el mayor vidente de los tiempos modernos. Probablemente, un día se volverá a repetir este juicio, cuando muchas otras de sus profecías se habrán cumplido.

Selección final de las profecías de Nostradamus

Entre las profecías verdaderamente maravillosas de Nostradamus hay algunas aún que vale la pena recoger, a pesar de la brevedad de este ensayo, porque además se relacionan con sucesos que por muchas razones debemos creer muy cercanos y a cuya preparación asistimos, cuando no colaboramos.

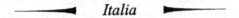

◄ Italia ►

Comencemos por espigar entre las profecías que se refieren a Italia. Citaremos sólo dos ejemplos, porque, naturalmente, Nostradamus, francés, aunque de origen judío, prefería transcribir en sus Centurias las visiones —si tales eran sus profecías— que se relacionaban con Francia, a las correspondientes a otros países e independientemente de aquélla. Por otra parte, quien conozca las *Centurias*, sabe que las cuartetas están transcritas sin orden ni nexo, casi siempre, bien que Nostradamus lo hiciera porque las visiones le llegaban en ese desorden, bien para obtener esa confusión que él mismo se imponía explícitamente.

De los dos ejemplos, uno se refiere a un personaje de la Casa Saboya, y hemos elegido esa cuarteta, porque nos parece extrañamente clara (es la No. 80 de la séptima *Centuria*):

Dans la Sardaigne un noble Roy viendra,
qui no tiendra que trois ans le royaume:
Plusieurs couleurs avec sois conjoindra,
lui-même apres long sommeil marrit scome.

Es decir: *En la Cerdeña vendrá un noble rey, que quedará en el trono solamente tres años. Unirá a los propios varios colores, y perderá la vida, después de un largo sueño.*

Ahora bien, el primer rey de Cerdeña que vivió en la isla, fue Carlos Manuel IV de Saboya, que se retiró allí al ser obligado por el general francés Grouchy a una abdicación substancial, por cuanto los franceses dominaban en el Piamonte, manteniendo guarniciones en sus fortalezas y en el mismo castillo de Turín. Desde Cerdeña, empero, aquél protestó contra esa violencia, que prácticamente le quitaba el poder.

Esto acontecía durante el tercer año de su reinado (y Nostradamus dice precisamente que quedaría en el trono tres años). La verdadera abdicación de Carlos Manuel se realizó en 1802. Mientras residía en Cerdeña, agregó a sus colores los de Sicilia, seguramente para protestar contra la pérdida de esa isla, asignada a su antepasado Víctor Amadeo II por el tratado de Utrecht y después de cinco años sustituida con la Cerdeña.

Finalmente perdió casi por entero la vista y tomó el hábito religioso (tal vez otro color éste, en la alusión de Nostradamus). El "largo sueño" parecería referirse a la ceguera o a la paz del claustro, después de la agitada vida del soberano.

El otro ejemplo es el siguiente:

Pendant que l'Aigle et le Coq a Savone
seront unis, Mer Levant et Hongrie.
L'armée a Napoles, Palerme, Marque d' Ancone;
Rome, Venise, par Barbe, horrible vie.

Esta cuarteta corresponde a varios acontecimientos más o menos contemporáneos entre sí, aun cuando, como la anterior, pertenezca al cuadro del siglo XIX, de acuerdo con la opinión casi unánime de los comentaristas. Y se puede traducir literalmente:

Mientras el Águila y el Gallo se unirán en Savona (se obrará) contra el Mar de Levante y Hungría. Ejércitos en Nápoles, Palermo y en la Marca de Ancona. A Roma, a Venecia vida horrible, por Barba.

Y bien, el Águila no podía ser más que Napoleón III, que había adoptado el emblema glorioso de su gran antecesor. ¿Y el Gallo? Aun cuando Francia ha sido a menudo simbolizada con esta denominación, en el caso actual hay que excluirla, por cuanto ha sido ya indicada por su emperador. A la luz de los sucesos históricos, pues, habrá que admitir que el Gallo es Víctor Manuel II, como

creen varios intérpretes; y "gallo" además porque en aquel entonces el ejército italiano estaba representado por los "bersaglieri" y
sus características plumas. El Mar de Levante sería el Mar Caspio,
porque linda con regiones orientales y Hungría el territorio hasta
ese mar, en sentido amplio. Con estas premisas veremos que la
profecía se ha cumplido detalladamente, entre 1854 y 1860.

En efecto, Víctor Manuel II y Napoleón III celebraron alianza
en Saboya; Piamonte y Francia, combatieron juntos contra Rusia en
Sebastopol. Organizados los ejércitos en Nápoles y en Palermo, se
luchó en la Marca de Ancona contra el rey de Nápoles y el Papa
(acontecimiento del año 1860). Mientras, en Roma y en Venecia se
llevaba una vida horrible, de angustias y miedo, a causa de "Barbe".
Y bien, "Barbe" llama el vidente a Garibaldi, que en otro lugar denomina juntamente con el nombre de "El Fuerte de Niza".

──────◄ *La Rusia* ►──────

Veamos lo que Nostradamus afirma de la Rusia actual:

Barbare Empire, par le Tiers usurpe.
La plus grand part de son sang mettre a mort.
Par mort sénile par lui le Quart frappé,
pour peur que sang parle sang ne soit mort.

Traducido literalmente: (Veo un) *bárbaro Imperio, usurpado por*
el Tercer (Estado) *mandar a la muerte la mayor parte de los de su*
sangre. Golpea de muerte senil (el hambre, el agotamiento) *al cuarto*
(Estado), *por miedo que la sangre no mate otra sangre,* es decir,
que llegue la guerra civil.

Si se considera que el Tercer Estado es la burguesía y el Cuarto
puede reputarse compuesto por los campesinos, se verá toda la
claridad del cuadro trazado hace alrededor de cuatro siglos, según
el cual la revolución del comunismo devora a sus propios hijos, o
mejor dicho, en un odioso acceso de autofagia, se devora a sí misma.

──────◄ *La Liga de las Naciones* ►──────

Pero hay alguna profecía más curiosa y sabrosa aún; y una especialmente que, parece increíble, se refiere a la Sociedad de las
Naciones. En efecto, Nostradamus, que ha previsto hasta el papel
moneda, con las respectivas inflaciones,

Les simulacres d'or et d'argent, enflés...

(los simulacros de oro y plata, inflados, y no puede negarse que el papel moneda como imitación del oro y de la plata está definido admirablemente), Nostradamus, decíamos, previó para esta actual primera mitad del siglo una nueva gran guerra, de la que dice:

> *Par les Suéves, et lieux circumvoisins*
> *seront en guerre, pour cause de nuées,*
> *camps marins, locustes et cousins.*
> *Du Leman fautes seront bien desnuées.*

Veamos la traducción literal y la probable o presumible explicación de esta cuarteta que es la No. 85 de la quinta *Centuria:*

Por los Suevos y países circunvecinos se lanzarán a la guerra por las nubes, campos marinos, langostas y mosquitos. Y las culpas de Lemán (el lago de Ginebra) *serán puestas al desnudo.*

Los Suevos son los alemanes, pues Nostradamus los llama siempre de esta manera. *Por las nubes* debe interpretarse por la aviación o los gases venenosos. *Campos marinos* pueden ser los campos de minas, las costas fortificadas o las armadas navales. *Langostas y mosquitos* son evidentemente los aeroplanos de varios tipos y muy numerosos. Los errores del lago de Ginebra no pueden ser más que los cometidos por la Liga de las Naciones...

Luego, en la cuarteta No. 27 de la tercera *Centuria:*

> *Prince lybique, puissant en Occident,*
> *francais d'Arabie viendra tout enflammer...*

A la letra: *Un príncipe líbico, poderoso en Occidente, llegará a poner fuego a los* (países) *franceses de Arabia...* Por Arabia, Nostradamus entiende a menudo la costa africana.

No hay más que un príncipe líbico poderoso en Occidente; la profecía se refiere a Túnez, a Argel y tal vez a Siria.

◀   *Inglaterra*   ▶

Finalmente en la cuarteta No. 35 de la misma tercera *Centuria* se lee:

> *La Grande-Bretagne comprise l'Angleterre*
> *viendra par eau si fort a invader:*
> *La ligue neuve d'Ausonie fera guerre,*
> *que contre eux ils viendront se bander.*

Es decir: La Gran Bretaña, comprendida Inglaterra será invadida extraordinariamente por mar; la nueva Liga de Ausonia hará la guerra, porque contra ella se aliará (el enemigo).

O bien: *La Gran Bretaña, comprendida Inglaterra, llegará a invadir por mar* (al continente). *La nueva Liga de Ausonia le hará la guerra, porque contra ella se aliará* (el enemigo).

La frase *comprendida Inglaterra*, se refiere al hecho de que en los tiempos de Nostradamus Inglaterra estaba separada de Escocia, que era un reino independiente. El vidente, pues, quiere decir "Inglaterra y Escocia". *Ausonia* es un antiguo nombre de Italia, usado aún en poesía. De las dos versiones citadas, la primera es la que merece mayor crédito a los intérpretes y comentaristas. La hora presente confirma la situación de los varios competidores y en la indicación *la nueva Liga de Ausonia* parece aludirse claramente al eje Roma-Berlín.

No está demás llamar la atención sobre el sentido de la primera interpretación, que corrobora una profecía famosa, la de la Madre Shipton, contenida en una balada que preanuncia los automóviles, el telégrafo, los grandes túneles, los submarinos, la aviación y finalmente este suceso: *por fin en Inglaterra penetrará un enemigo*. La Shipton nació probablemente, en 1488.

◀ *El broche* ▶

Para terminar con estos pocos en número pero muy interesantes ejemplos, citaremos la cuarteta No. 35 de la misma tercera *Centuria*, que parece referirse muy de cerca a Italia:

Du plus profond de l'Occident d'Europe,
de pauvres gens un jeune enfant naitra,
qui por la langue séduira grand'troupe.
Son bruit au regne d'Orient plus croitra.

Traducimos: *Desde lo más profundo del Occidente de Europa nacerá de humilde familia un niño que con la palabra seducirá multitudes. Su fama se tornará aún mayor en el reino de Oriente.*

Téngase presente que en el pasado se dividía a Europa en oriental y occidental, por una línea imaginaria que correspondería más o menos al meridiano 15, tanto que Italia quedaba netamente en el Oeste. Y es suficiente para convencerse, observar algún mapa de siglos atrás o pensar en la conocida división entre Imperio de Oriente e Imperio de Occidente. Hoy tampoco se podría decir que

Italia se halla en el Oriente de Europa. *En lo más profundo* vale por "la parte más baja", la extremidad inferior. Seducir equivale a atraer. La cuarteta se refiere a un hombre de nuestra época y se halla en esa tercera *Centuria*, que contiene tantas profecías catastróficas para tantos pueblos.

   ¿El italiano de hoy, nacido de familia humilde, que debía atraer a mucha gente y tener fama aun en Oriente?

   El lector contestará a la pregunta, sin esfuerzo alguno.

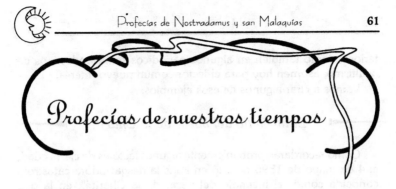

Profecías de nuestros tiempos

En estos tiempos nuestros en los cuales la ciencia está haciendo tan rápidos progresos, nadie o casi nadie cree ya en las predicciones y profecías.

Por lo menos, en esta forma, contesta cualquiera a quien se interrogue. Pero, un examen más atento llevará al lector (como ha llevado al autor de estas líneas) a convencerse de que casi todos creen en ellas, con la única excepción tal vez de los hombres de ciencia de valor intermedio.

◄ La opinión de Carrel ►

Hemos escrito "de los hombres de ciencia de valor intermedio" por cuanto un eminentísimo biólogo, el doctor Alexis Carrel, nos dice tranquilamente que se interesó mucho de los fenómenos de telepatía y clarividencia, como se apasionó por la fisiología, la patología, la química. Y confiesa que hubo de convencerse de que tanto la telepatía como la clarividencia, son fenómenos naturales del ser humano, aunque raros, o por lo menos no comunes.[11]

Puesto que la profecía y el don de predecir el futuro, siempre que sean auténticos, se resuelven en una simple facultad de clarividencia, ampliada en el tiempo y en el espacio, todos los que creen o desearían creer, llegan a tener un apoyo autorizado, y casi un diploma de seriedad y respetabilidad; y aun ejemplos de predicciones que se desterraban en oscuras revistillas o en la literatura mis-

---

[11] Los lectores recordarán, indudablemente que el doctor Carrel, premio Nóbel, hace un tiempo, en unión con Charles Lindbergh, el aviador norteamericano, inició experiencias con un aparato en el cual un corazón separado del organismo, sigue latiendo y "viviendo" por un periodo indefinido. Nada se puede afirmar acerca de la aplicación práctica de este descubrimiento; pero es fácil suponer los enormes beneficios que ha de traer.

teriosa, como también en algunos periódicos semiclandestinos de ocultismo, asumen hoy para el lector común nuevo interés.

Vamos a citar algunos de esos ejemplos:

◀ *El incendio del bazar de la Charité* ▶

Como recordarán probablemente algunos lectores de cierta edad, el 4 de mayo de 1896 ocurrió en París la desgarradora catástrofe conocida como "el incendio del bazar de la Charité", en la que perecieron por lo menos un centenar de eminentes personajes, entre los cuales no pocas damas.

Para recordar, casi, el aniversario trágico, el conde de Maillé, en una carta dirigida a Les Temps y publicada el 16 de mayo de 1897, llamó la atención sobre la profecía anticipada al respecto por una vidente bien conocida entonces en Francia, la señorita Couédon.

Citemos sus mismas palabras:

"Había ido a consultar a la Couédon en su casa; y, aun cuando no creía en la colaboración de los ángeles que ella afirmaba tener, debo reconocer que sus predicciones me parecieron notables e interesantes. A mi solicitud, ella consintió en hacer una excepción a sus costumbres, ofreciendo en mi casa una sesión, a la que asistieron un centenar de invitados, entre los cuales estaban la condesa de Rochefoucauld, Mme. de Mesnaud, el marqués de Anglade, la condesa Virien, el conde Fleury y otros.

"Después de haber satisfecho la curiosidad de los invitados que le hicieron consultas personales específicas, la vidente aludió al incendio que era inminente, y dijo que habría estallado en una 'asamblea' organizada con fines de beneficencia. Sus palabras fueron más o menos las siguientes, que cito de memoria, por cuanto no tuve la precaución de transcribirlas:

Veo que caerán víctimas las personalidades más eminentes de esa asamblea; y muy graves serán las pérdidas del suburbio de Saint Germain (el barrio aristocrático de París). *Pero nadie de los aquí presentes perecerá en la catástrofe; y usted* —agregó ella dirigiéndose directamente a mí— *no sufrirá mas que en forma indirecta por esta gran desdicha.*

"Ocurrido el incendio, efectivamente, sin que nadie de los presentes a la reunión de ese día en mi casa sufriera en lo más mínimo, supe que en el incendio había perdido un lejano pariente, que conocía apenas. La Couédon había tenido razón".

El director del diario *La Livre Parole,* que asistió a la reunión, confirmó también que ni uno solo de los muchos huéspedes del conde de Maillé, que fueron al bazar de la Charité el día de la catástrofe, tuvo que sufrir por el incendio. En fin, la profecía de la señorita Couédon se cumplió punto por punto, y ella es seguramente una de las más impresionantes de nuestros tiempos, porque fue controlada por numerosos testimonios competentes.

◄ *Una catástrofe minera* ►

Otro ejemplo.

Madame de Ferriem, residente en Berlín, en los primeros años del siglo presente, ofreció pruebas sorprendentes de esa clarividencia que, según el doctor Carrel, es al mismo tiempo que la telepatía un fenómeno natural, raro realmente, del ser humano.

En un libro titulado *Mi visión espiritual del porvenir,* en efecto, se encuentran muchas notables predicciones, de las que recordaremos un par en seguida.

Un señor Godefroy publicaba la crónica de las profecías de la vidente y el doctor Borman, testigo insospechable e incansable estudioso de fenómenos psíquicos, asegura que recibió esos detalles a medida que se publicaban.

En dos de ellos se refería que Madame de Ferriem había visto en Bohemia una espantosa catástrofe minera, y había descrito con muchos detalles el espectáculo de los pobres mineros muertos y el de sus mujeres y de sus niños, que se apiñaban a la entrada de las galerías. No indicaba la vidente en forma exacta el lugar del desastre, pero afirmaba que durante la visión había oído que alguien decía: "Ahí llegan los médicos de Bruex".

Tres años más tarde ocurrió la tremenda catástrofe minera de Dux, cerca de Bruex, en la que perecieron muchas personas.

◄ *El misterio de la clarividencia* ►

Ahora bien, cabe preguntarse: ¿son tal vez pasado, presente y porvenir una sola cosa, o bien existe en todo el universo una ley, que desarrolla los acontecimientos en determinada forma, tanto que seres dotados de una especial sensibilidad pueden discernirlo, aun estando alejados en el tiempo? Pero éste es un tema que no podemos discutir aquí. Una sola cosa es cierta: visiones tan lúcidas

y detalladas ofrecen material no solamente para nuestras especula-
ciones actuales, sino tal vez para futuras investigaciones científicas,
dirigidas a la solución del misterio de la clarividencia o del don de
profetizar.

◄ *Varias predicciones* ►

La vidente citada poco antes, predijo el gran incendio de los
docks de Hoboken, en Nueva York, dos años antes que ocurriera y
con detalles pasmosos. La predicción fue publicada por Godefroy
en el número de diciembre de 1889, de *Neue Spiritualistiche Blaetter*
(Nuevas Hojas Espiritualistas).

La Ferriem preanunció también la liberación de Dreyfus un año
y medio antes que se realizara; predijo la terrible erupción volcáni-
ca de La Martinica, el naufragio del buque-escuela alemán
Gneisenau, ocurrido cerca de Málaga, y otros desastres más.

◄ *La profecía de Prémol* ►

No es de nuestros tiempos, pero a ellos se refiere —por lo que
nos parece oportuno citarla aquí—, la llamada *profecía de Prémol,*
muy conocida en Francia en la primera mitad del siglo XIX, como
asegura Adrián Péladan en su *Liber Mirabilis.*

Esta predicción alude a las vicisitudes de Francia y de Europa
desde el año 496 hasta el siglo XX, vicisitudes que, *grosso modo,* se
habrían resuelto en un ciclo de periodos alternados y desiguales de
predominio del principio autoritario y de revoluciones.

El vidente desconocido, un monje del convento de Prémol, cerca de Grenoble, predecía entre otros, uno de estos periodos revolucionarios, que comenzaría en 1870 y terminaría en una fecha no
indicada del siglo XX.

Durante ese periodo de violencias, de "tormenta", ocurrirían la
invasión de Francia, el incendio de París y otras ciudades, una revolución en Inglaterra, un cisma en la Iglesia, etc., etc. Luego llegaría el advenimiento del *Gran Monarca* y del *Pastor Angelicus* (el
Papa y el rey, que han sido preanunciados reiteradamente por distintos profetas), quienes, con otros personajes, restablecerían la paz
en el mundo.

De paso cabe observar que la destrucción de París, a raíz de un
gran incendio, es un factor común de unas treinta y cinco profecías

distintas. También Ana Catalina Emmerich, una monja de Westfalia, preanunció, durante la primera mitad del siglo pasado, la ruina *de la gran ciudad dedicada especialmente al vicio y cuyo subsuelo está minado.*

Casi en la misma época, el abate Souffraud escribía:

Durante todas estas calamidades (que preveía para nuestro siglo) *París será destruida, y tan completamente, que un carro pasará sobre sus ruinas sin tropiezo alguno.*

◄ *Los "sueños proféticos"* ►

Camille Flammarion, el famoso astrónomo francés, era un apasionado estudioso de todos los fenómenos de clarividencia y de los llamados "sueños proféticos".

De éstos cita varios ejemplos sorprendentes en sus libros *Lo desconocido* y *La muerte y su misterio.* Como el don de la profecía y el de la clarividencia, esos sueños parecen responder, como resultado, a una "extensión de la conciencia", que según lo demuestra Dunne en su obra *Una experiencia en relación con el tiempo,* es común a todos los seres humanos, tal vez en medida mayor o menor por cada individuo, en forma idéntica a la que hemos indicado para la telepatía y la clarividencia.

De cualquier manera, se ha comprobado que muchos de esos "sueños proféticos" se han cumplido con toda exactitud, y tal vez no haya persona que no tenga al respecto su pequeña experiencia.

◄ *Astrólogos modernos y clientes excepcionales* ►

En los últimos años, tal vez por la inquietud frente a tanta incertidumbre política y social, la astrología, como otros métodos adivinatorios, ha alcanzado nuevamente un sitio de honor. Los nuevos astrólogos son numerosos y sus clientes se cuentan a millones, especialmente en Francia y en los Estados Unidos.

Evangelina Adams, hace poco fallecida, la más conocida entre los astrólogos modernos, llevada a los tribunales como "adivina", defendió su inculpabilidad afirmando que no pretendía "adivinar", sino que se fundaba en los resultados de la astrología, que es una ciencia y no una impostura. Tuvo que ser absuelta.

La Adams recibía más de trescientas mil cartas por año de personas que se interesaban por su ciencia y por conocer el porvenir, y en una declaración hecha a la prensa, confesó que tenía más de cien mil clientes, entre los que contábase a Pierpont Morgan, para quien ella elaboraba mensualmente una "relación sobre el cambio de posición de los planetas y su probable repercusión en la política, en los negocios y en el mercado financiero".

Se sabe además que la misma Adams, mujer de indiscutible honestidad profesional, tenía como clientes, además de Morgan, al rey Eduardo VII de Inglaterra, Enrique Caruso, Geraldine Farrar, Jean Burroughs y otros.

Manly Hall, un escritor americano que se ocupa de astrología, afirma que conocían esta ciencia, si así puede llamarse, Franklin, Paine, Teodoro Roosevelt y otros grandes americanos.

El conde Hamon, conocido bajo el seudónimo de Cheiro, que con la astrología practicaba otras artes adivinatorias, afirmaba que una vez, a pedido del zar Nicolás, conocido por él a raíz de haber intervenido como intermediario el rey Eduardo VII, preparó el horóscopo de todos los miembros de la desgraciada familia imperial, con el resultado de que aparecía clara e ineludible la caída de la Casa de los Romanoff, en ese momento en todo su esplendor.

Un curiosísimo testimonio acerca de los poderes de adivinación o predicción del conde Hamon, nos lo da nada menos que Mark Twain, escritor escéptico, pesimista y humorista, que más de una vez se burló de profetas y augures.

◄ *Mark Twain y Cheiro* ►

Twain narra, en efecto, en sus *Apuntes promemoria,* una predicción que le hiciera. en 1895 el astrólogo Cheiro (conde Hamon), según la cual llegaría imprevistamente a ser rico al cumplir los sesenta y ocho años de edad, es decir, hacia 1903.

"En 1895, dice el escritor, me hallaba en estado de falencia, o bancarrota, para decirlo claramente, y tenía una deuda de noventa y cuatro mil dólares a raíz de la quiebra de la Casa Webster y Co. Dos años más tarde Cheiro me encontró de nuevo en Londres y me repitió la predicción, agregando que "la fortuna llegaría de donde menos la esperaba".

El humorista no olvidó por entero la profecía, aun cuando no tuviera excesiva confianza en el pronóstico halagador. Sin embargo la predicción se cumplió en 1903 y, exactamente, el 22 de octubre, cuando una gran casa editora firmó con él un contrato que le garantizaba una renta mínima de veinticinco mil dólares anuales, como fruto de los derechos de autor por sus libros.

"A veces —concluye diciendo Mark Twain— en los años que siguieron, mi renta excedió los 100,000 dólares. Cheiro, pues, predijo exactamente el hecho, hasta en la referencia a que la fortuna hubiera venido de donde menos podía yo esperarla".

En el libro de oro de los visitantes del astrólogo, Twain escribió en otra oportunidad:

"Cheiro me ha descrito mi carácter con detalles que me confunden y me humillan. No debería reconocerlo; pero tengo el deber de hacerlo".

◄ *Lord Kitchener* ►

Del mismo conde Hamon se sabe que en julio de 1894, veintidós años antes, previó para lord Kitchener una grave desgracia en el mar, desgracia que ocurriría al almirante a los sesenta y seis años de edad, es decir, en 1916.

Hamon informó de su previsión al mismo Kitchener, advirtiéndole además que la mayor y más grave de todas las responsabilidades pesaría sobre sus hombros en 1914. Dos años después, sin embargo, llegaría "el descanso".

—¿Este descanso equivaldría a la muerte? —preguntó Kitchner.

El astrólogo no negó la posibilidad.

Lord Kitchener estaba tan convencido de la exactitud de la profecía, de acuerdo a lo que escribe Cheiro, que en junio de 1915, durante una visita al frente inglés en Francia, cuando a su lado estalló una granada que casi le mata, dijo sonriendo al oficial que lo acompañaba: "No hay que temer por mí; he de morir en el mar".

La "mayor y más grave responsabilidad" de su vida le correspondió seguramente cuando en 1914 tuvo que asumir la cartera de Guerra en el conflicto europeo. Todos saben cómo pereció el almirante inglés en el misterioso naufragio del acorazado *Hampshire* en el mar del Norte.

Así, a los veintidós años, la profecía del astrólogo se cumplió en todos sus detalles.

◄ *El zar Nicolás* ►

El mismo Cheiro refiere un doloroso coloquio sostenido con el zar Nicolás de Rusia en 1904, durante una visita de incógnito, preparada secretamente en San Petersburgo.

Parece que el desdichado emperador se sentía siempre bajo el incubo de una catástrofe permanente y deseaba con insistencia que le tranquilizaran con una predicción aceptable de buena suerte. Sin embargo, Cheiro no pudo satisfacerlo, y debió confesarle que estaría viviendo constantemente la pesadilla de oscuros temores y derramamientos de sangre; que trataría en lo posible de evitar un grave conflicto bélico, pero que Rusia se complicaría entre los años 1914 y 1917 en una espantosa guerra europea, en la que él, el zar, perdería todo lo que más quería en el mundo.

Para terminar, Cheiro asegura que predijo a Rasputín, el misterioso monje fatal de la corte del último zar, su muerte violenta en el río Neva.

◄ *Un periodo accidentado* ►

Astrólogos y videntes concuerdan en opinar o prever que el periodo que se abre en 1940 será muy agitado y amargo para todo el mundo.

H. G. Wells aseguró que exactamente en 1940 estallaría una conflagración europea, substancial o aparentemente originada por un atentado cometido en Danzig contra un ciudadano polaco. La actualidad rectifica en parte la previsión, pero la ratifica esencialmente. El lector puede reflexionar al respecto.

El periodo que va desde octubre de 1942 a junio de 1943, según Manly Hall, será una era de reconstrucción y de progreso, y por lo que se refiere especialmente a América, predice anticipadamente un periodo de depresión, con alguna catástrofe grave, y, tal vez, con el asesinato de un Presidente. "Si esto ocurre —agregó Hall en una reciente conferencia pronunciada en Nueva York—, podrá provocarse una modificación fatal en nuestra forma de gobierno, y la nación quedaría dividida en varias partes, probablemente en cuatro: Oriental, Meridional, Central y Occidental".

¡Exactamente lo que temía Lincoln y que tanto trató de evitar!

El futuro profético (conclusión)

En una vieja litografía está representado el gran vidente de Salon, Miguel de Nostradamus, que señala con la varita el espejo mágico, en el cual Catalina de Médicis, perpleja y asustada, ve algunas escenas que se refieren al destino de sus hijos.

El "espejo mágico"

Este espejo mágico, o lo que en sus efectos le equivale, es decir, la posibilidad de conocer el porvenir, ha sido objeto en todos los tiempos de la historia, de investigaciones de esta nuestra angustiada humanidad; y muchos son los que lo han poseído.

Otros, en cambio, creyeron haberlo hallado, pero no vieron en él más que sombras terroríficas, alucinaciones o supersticiones. De toda manera, si estas páginas algo demuestran, comprueban precisamente que un discreto número de personas, dueñas de un don especial y de la facultad aún incomprensible de la clarividencia en el espacio y en el tiempo, existió para mantener en la humanidad la confianza en las profecías.

Hoy y mañana

Aún hoy, por ejemplo, un imponente número de seres cree firmemente que los constructores de la Gran Pirámide, hace más o menos unos cinco mil años, resolvieron dejar un *mensaje de piedra* a esa posteridad que un día pudiera descifrar los jeroglíficos; y están seguros, además, que esa posteridad somos nosotros, los hombres de hoy.

Por la misma razón creen en la llegada de la "gran tribulación", es decir, el periodo confuso de luchas y de esfuerzos dirigidos a encontrar los remedios de las desgracias humanas, que comenzaría en 1928 y que en breve se transformaría en otro muy distinto. El "corredor inferior" de la Pirámide profética terminará en un "nuevo paso" que indica un cambio mejor, y al final se llega a la *cámara del rey.*

Pero no olvidemos que ese peregrinar del visitante de la Pirámide que simboliza al hombre, no está todo aquí; el hombre no alcanza nunca sobre la Tierra el descanso absoluto, el fin de todas las luchas, la paz en todas las preocupaciones. La *cámara del rey* es también la *sala del Juicio.*

Allí se realizarán la *purificación de las naciones, los misterios de la Luz verdadera que llega de Occidente,* la presencia literal del *Señor de la Muerte y del Sepulcro,* quien proclamará que la Muerte *ha sido vencida por la Luz.*

Sin duda, estas frases parecerán a muchos lectores nada más que grandilocuentes expresiones de la vaguedad característica de los charlatanes; sin embargo, tienen un sentido grave y amenazador para los que creen y demuestran la verdad de la profecía contenida en las piedras de la Pirámide.

Los diecisiete años del periodo "septiembre 1936 - agosto 1953" parecen años fatales y llenos de acontecimientos muy importantes para la raza humana. La época desastrosa y agitada tendrá su fin, y en 1953 comenzará un periodo de reconstrucción, que ha de culminar en lo que los egiptólogos llaman *descanso de los Constructores;* un paréntesis de alivio y de sosiego del que los hombres gozarán antes de penetrar en otra nueva era que está más allá de nuestras concepciones actuales.

Este periodo del "nuevo paso" corresponde a la época que los intérpretes de las profecías bíblicas reputan constituir *el fin de los tiempos,* época de suma importancia en la historia de la humanidad.

Según muchos estudiosos, se realizará la pavorosa espera medieval del Anticristo, y su llegada —predice Santa Hildegarda de Bingen— coincidirá con lo que la Biblia llama *el final del tiempo de los Gentiles,* final que estaría por comenzar, si ya no ha comenzado.

Para volver al futuro inmediato, mientras se combaten guerras y se prevén conmociones graves, se preanuncia también un nuevo florecimiento espiritual, al que se refieren muchas profecías en diversos países. Roerich, entre otras cosas, afirma que en todo el Oriente, en la India, en la Mongolia, hasta en la Siberia hay una intensa expectativa por estas "fuerzas de luz" que lograrán notables ventajas sobre las "fuerzas de las tinieblas". Tal vez esta será la semilla que fructificará en tribulaciones para los "hijos de la luz", pero que asegurará mejor y más firmemente su victoria final.

◀ *La espera mística* ▶

¡La victoria final! A este glorioso periodo de paz, probablemente se refería el mismo Nostradamus, que predijo tantas calamidades y tantos desastres con su cuarteta No. 42 de la décima *Centuria:*

Le régne humain d'Angelique geniture
fera son régne paix union tenir.
Captive guerre demy sa closture.
Longtemps la paix leur fera maintenir.

La cuarteta puede ser traducida libremente de esta manera:

La época humana de origen sobrenatural dará paz y unión. La guerra, guardada casi en cautiverio, dejará reinar a la paz por largo tiempo.

¿Estará realmente cerca esa nueva edad de oro, que soñara el gran enemigo del materialismo, el obispo de Berkeley? ¿Se avecina realmente esa fraternidad universal que tantos predijeron?

En verdad, sabemos que amenazan a la humanidad, en el siglo en que vivimos, nuevas crisis, turbulencias, guerras, pruebas de todo género, y, sin embargo, los pueblos esperan por doquier la liberación efectiva, simbolizada en un misterioso ser con poderes sobrenaturales.

Esperan los budistas, desde Ceylán a la Mongolia, a Maitreya; las tribus de los Altai aguardan al Burkhan blanco; los hebreos al Mesías; al Muntazar los musulmanes; al Kalki Avatar los hindúes; los chinos encienden el primer día del año los fuegos ante la imagen de Gessar Khan, el "regidor del mundo" que vendrá.

Y los cristianos confían en el retorno de Jesús, de ese Jesús en el cual, como está escrito, todos los pueblos se reunirán en un solo pueblo. Y también ésta es profecía, más aún, verdadera "profecía", es decir, expresión de la voluntad de Dios.

***

Se aguarda una vida espiritual más alta y noble y feliz, como ha sido preanunciada casi universalmente. La visión de esta era de paz eleva los corazones y les brinda nuevo calor y nueva fuerza,

aun cuando otros males todavía esperan a nuestro mundo humano, porque el hombre, en esencia, fortalecido por conocimientos
milenarios y por una experiencia igualmente secular, que le enseña
cómo los triunfos y las victorias se pagan a un alto precio, sigue
siendo incurablemente optimista, a pesar de los sufrimientos y de
los desengaños.

◄ Apéndice ►

En las páginas precedentes se ha aludido a profecías antiguas
que excedían del argumento de este libro, dedicado casi exclusivamente a las predicciones de Nostradamus, y que de otra manera
hubiera resultado enorme.

Nos parece, sin embargo, oportuna, para mejor ilustración del
lector, referirnos brevemente a las que en alguna forma han sido
citadas en el texto.

◄ El misterio de la Gran Pirámide ►

Nadie ignora que la pirámide de Cheops, más conocida como
la Gran Pirámide, contiene una serie de predicciones, ocultas en
sus proporciones milagrosamente calculadas, tanto desde el punto
de vista matemático como astronómico. Nadie ignora tampoco que
gran parte de esas predicciones se han ido *cumpliendo* exactamente en los milenios transcurridos y que el resto, que se refiere más o
menos a un siglo todavía, desde nuestros días en adelante, se está
cumpliendo y se cumplirá en los años próximos.

Las medidas de la Pirámide corresponden a los días del año
con su fracción de horas (365,06), a los periodos equinocciales, al
año anomalístico, al año sideral, el valor de "pi" (3,14), a la distancia mínima entre la Tierra y el sol, al diámetro polar de la Tierra,
etc., etc.

Evitando una prolija digresión, que está fuera de lugar, resumi-
remos la interpretación de los piramidólogos acerca del simbolismo
de los corredores:

1. La Gran Pirámide, en sus corredores de entrada, indica el
periodo entre su construcción y el Éxodo de los hebreos, es decir
desde el año 2625 a 1486 a. C.

2. El primer corredor en ascenso termina en el año correspondiente a la crucifixión de Nuestro Señor.

3. Desde allí el corredor horizontal hasta la cámara de la reina, simboliza la época del renacimiento espiritual; los judíos rechazan a Cristo y su sacrificio expiatorio.

4. El segundo corredor ascendente, o Gran Galería, o *sala de la Verdad en la Luz,* corresponde a la ley cristiana, y llega hasta el año 1914.

5. El primer corredor inferior encierra en sus medidas el periodo que va desde 1914 a noviembre de 1918.

6. La antecámara, o *Cámara del triple Velo,* va desde 1918 a mayo de 1938, un periodo de alivio, o *tregua en el caos.*

7. El segundo corredor inferior, cuyas medidas abarcan desde mayo de 1928 hasta septiembre de 1936, simbolizaría la tribulación final. Concuerda con las profecías cronológicas del Antiguo Testamento.

8. El segundo corredor inferior lleva a la *Cámara del misterio de la tumba abierta,* o *Cámara del Gran Oriente.* Indicaría ésta la purificación de las naciones, un nuevo tiempo, lleno todavía de peligros, que durará unos 17 años, desde septiembre de 1936 hasta el agosto de 1953.

Las fechas del 20 de agosto de 1938, del 3-4 de marzo de 1945, y el 18 de febrero de 1946 corresponden a graves acontecimientos del periodo citado; entre la primera y la última habrá una gran guerra, a la que seguirá el "Juicio de las Naciones", acontecimientos extraños y oscuros todavía para nuestra inteligencia.

Luego concluirá el periodo de la destrucción, y desde 1953 comenzará una era de reconstrucción que durará medio siglo, es decir hasta el año 2001, más allá de cuya fecha no va la profecía de la Gran Pirámide. Pero, llegando el Sábado o Descanso de los Reconstructores (en septiembre del año 2001), la humanidad habrá alcanzado otro peldaño de su evolución, otra forma de civilización, tal vez en un estado teocrático universal. Entonces, según está escrito en el Apocalipsis, todas las cosas serán renovadas...

◄ *El misterio de la astrología* ►

La astrología posee una historia tan antigua como la misma humanidad. Floreció en Babilonia, en la India, en Egipto, en la China, en la Grecia clásica y en Roma. Quedó reducida a la nada con la difusión del cristianismo en Europa, pero las invasiones de los árabes, entre los siglos IX y X, le dieron nuevo impulso. Hasta algunos Papas se dedicaron a su estudio.

Marsilio Ficino, astrólogo de Lorenzo el Magnífico, predijo que uno de los hijos de su protector, Juan de Médicis, ocuparía el sitial de San Pedro, y cuando esto aconteció, el nuevo Pontífice, que había tomado el nombre de León X, se convirtió en protector de los astrólogos.

El arzobispo de San Andrés, enfermó de un mal que los médicos no lograban definir, pidió ayuda a Jerónimo Cardán, matemático y astrólogo famoso en aquella época. En 1552 Cardán fue a Escocia, hizo el horóscopo del sacerdote, estableció por él cuál era la enfermedad y la curó. Al despedirse, dijo al arzobispo: —"Pude curarlo de su mal, micer arzobispo, pero cambiar no puedo su destino, ni impedir que lo ahorquen"—. Rió de la profecía el prelado, rieron de ella también sus amigos. Pero 18 años más tarde, el arzobispo fue ahorcado por orden de los comisarios nombrados por María, reina regente de Escocia.

Julián del Carmen, astrólogo italiano, hizo el horóscopo del primer duque de Florencia, Alejandro de Médicis, y pudo anticiparle que sería asesinado por su primo. Alejandro le echó, burlándose de su predicción; pero la profecía se cumplió.

Cardán, que predijera la horca del arzobispo de San Andrés, publicó hacia 1543 un libro con 67 horóscopos de personalidades de su tiempo. De Martín Lutero aseguró: "Sera increíble el número de los secuaces de sus doctrinas. El Sol y Saturno indican la fuerza y la duración de su *herejía*".

Képler, el gran astrónomo, predijo en 1619 que el emperador Matías perdería la vida en el mes de marzo. La profecía se conoce bajo el nombre de "predicción de las seis M", porque rezaba así:

Magnus Monarcha Mathias Mense Martis Morietur.[12] Matías murió, en efecto, el 20 de marzo.

◀ *Las profecías sobre los Papas* ▶

Entre las numerosas profecías de la Edad Media, sobre las que se discute y se derrama tinta hoy todavía, una de las más curiosas y extrañas es la que se atribuye a Malaquías, santo irlandés del siglo XII, que se refiere a todos los Pontífices que han ocupado

---

[12] El gran monarca Matías morirá el mes de marzo.

desde entonces la silla de San Pedro, y a los que aún han de ocuparla hasta Pedro el Romano, que sería el último.

La profecía de San Malaquías, escrita en el siglo XII, fue publicada recién más tarde en el siglo XVI por Arnoldo Wion de Douay, tal vez porque recién la imprenta podía contribuir a su fácil difusión, tal vez porque una predicción tan grave, y sobre argumento tan delicado, debía ser reservada a pocos lectores.

El profeta designó con veladas o claras alusiones uno tras otro a todos los Pontífices que ocuparían el trono papal, y esas indicaciones han resultado exactas en forma sorprendente. Más aún, esas predicciones coinciden con muchas otras, según las cuales la Iglesia atravesará un período crítico, en una época en la que se anuncian muchas transformaciones, vale decir, más o menos, hacia el final del siglo presente.

La predicción ocupa siete páginas normales de imprenta y contiene 111 designaciones, que se aplican a 111 Papas, comprendiendo a los antipapas, cuya serie se inició con Celestino II y terminaría con el último Pontífice, Pedro el Romano, quien, durante la gran persecución de la Santa Romana Iglesia, pacerá a su grey entre muchas tribulaciones.

Las frases empleadas raramente exceden las dos o tres palabras y se refieren al lugar de origen del Papa, a su nombre familiar, a su emblema o al oficio anterior a la elección.

No citaremos el total de esas indicaciones, larga tarea que nos llevaría muy lejos; nos limitaremos a recordar las más sorprendentes.

Celestino III está indicado, por ejemplo, con la frase *De rure Bovensi;* en efecto, el apellido familiar del Papa era Bovensi. Alejandro IV, señalado con las palabras *Signum Ostiense,* fue antes de su elevación al solio pontificio, cardenal de Ostia. *Ursus velox,* el oso veloz, corresponde a Clemente XIV, que en su emblema familiar tenía un oso corriendo.

Uno de los casos más interesantes es el de León XIII, indicado con el lema *Lumen in coelo,* luz en el cielo. El escudo de la noble familia de los Pecci, a la que pertenecía León XIII, lleva una estrella o cometa, que atraviesa el firmamento. Un siglo antes de León, el vidente conocido bajo el nombre de "Monje de Padua" anunció los próximos veinte Papas, y refiriéndose a él, dice literalmente, en un ímpetu de lirismo: "¡Salve, oh Luz del cielo! Larga vida a León XIII". Vale también la pena recordar que el mismo monje califica a Pío XI como "rey en Italia", lo que coincide con la recobrada soberanía temporal del Vaticano, que se realizó exactamente durante el papado de éste.

El Papa actual debería ser el Pastor Angelicus, del cual se habla en muchas otras profecías desde la Edad Media hasta hoy. Este Pontífice debería ser contemporáneo del último rey de Francia, el Gran Celta, y ser el Papa de la unidad, en el sentido que en su época todos los herejes, los paganos, los cismáticos se convertirán, o por lo menos, se reunirán a la Iglesia Católica. La profecía de Prémol, ya citada, informa que este Papa llamará a los samaritanos y a los gentiles, que se convertirán a sus exhortaciones.

Los seis papas sucesivos serán el *Pastor Nautaque* (pastor y marino), *Flos florum* (flor de las flores), *De medietate lunae* (de la mitad de la luna o de la Medialuna), *De labore solis* (del trabajo del sol) y *De gloria olivae* (de la gloria del olivo). Por sus nombres papales serían Pablo VI, Clemente XV, Pío XIII, Nicolás V, Gregorio XVIII y León XIV.

Referente al último Pontífice, San Malaquías es más explícito. Pedro el Romano pacerá su grey entre las tribulaciones, en un período crepuscular, cuando caerá la noche, mensajera de una nueva aurora.

La profecía termina así: *Quibus transactis, civitas septicollis diruetur, et judex tremendus judicabit populum"*. Es decir: "pasadas las cuales (las tribulaciones), la ciudad de las siete colinas será destruida y el juez tremendo juzgará al pueblo".

Conviene tener presente que la profecía no tiene valor canónico; no puede aceptarse como dogma de fe y es materia de opinión solamente.

¿Será verdadera la profecía o, mejor expresado, será una profecía verdadera la lista de leyendas papales de San Malaquías? Contestaremos: aceptando la regla de Moisés en el *Deuteronomio* (XVIII, 22), es falsa toda profecía que no se cumple, y a la inversa, verdadera la que se realiza, porque si el Señor habla por boca del profeta, su predicción no puede ser otra cosa que la verdad. Y ahora juzgue el lector.

San Malaquías

Las profecías de San Malaquías es el nombre de un documento que el monje benedictino Arnoldo de Wion incluyó en un libro que dio a conocer hacia 1595, en Venecia. El documento contiene una larga serie de símbolos que de alguna manera se vinculan o identifican con hechos y detalles que guardan relación con la vida y la actividad de los Papas, y que predicen quiénes serán elegidos para ese cargo. Atribuido a San Malaquías —de allí el nombre con el cual se le conoce— muchos son, no obstante, quienes cuestionan la procedencia del documento, su calidad profética y su misma autoría.

Sea como sea, las *divisas* (símbolos) del documento han venido coincidiendo con hechos relevantes de las vidas de los Papas y con los nombres y otras características de ellos. Muchas de las profecías parecen cumplirse o, al menos, reflejarse en acontecimientos que, atribuibles o no a la casualidad, configurarían en los hechos el cumplimiento de los pronósticos aparentemente formulados por San Malaquías.

Se afirma, pese a ello, que de Wion falsificó el documento, con la finalidad de lograr que el cardenal Simoncelli fuera electo Papa, ya que una referencia a él aparece en el documento, donde se le menciona como posible elegido. Simoncelli, por ser originario de Orvieto *(Urbus vetus)* se vería aludido en la *divisa* denominada *De antiquietate Urbis,* que significa "de la vieja ciudad". Aun así, el Papa electo en esa oportunidad fue el cardenal Sfondrate, quien además de integrar una familia de senadores (de senex, que significa "anciano"), pertenecía a un tronco familiar que era el más antiguo de Milán, lo que se correspondería con la divisa, ya que su correcta traducción en el mejor latín sería "la antigüedad entre los viejos".

Quienes defienden la autenticidad del documento atribuido a San Malaquías se basan en la probidad de Wion y dicen que para elaborar las profecías no le habrían bastado los días del Cónclave.

Fuera como fuere, cada vez que muere un Papa el documento recobra actualidad y, sea quien sea su autor, muchos afirman que las profecías se cumplen. Quizá este extremo deba más a la agudeza o al ingenio de los interpretadores que al espíritu y al texto del documento, pero esos son los hechos.

Aunque el documento no contiene profecías consideradas *de fe* ni San Malaquías es considerado un profeta al estilo de los mencionados en el Antiguo Testamento, tanto el uno como el otro han adquirido especial notoriedad por todo lo mencionado.

Las famosas profecías, muchas de las cuales aparentemente ya se han cumplido, son las siguientes:

1. Primera divisa. *(Ex castro Tiberis)*. Está referida al Papa Celestino (1143). Significa *Del castillo del Tíber* y coincide con la realidad en tres hechos: Celestino fue Papa, su ciudad natal fue Castello y esta ciudad está situada en la orilla del Tíber.

2. *Inimicus expulsus.* Esta divisa significa "enemigo expulsado" y al parecer alude al Papa Lucio II. El nombre de la familia de este Papa era Cacciaenemici, que significa "cazador de enemigos".

3. *Ex magnitudine montis.* Significa "de la grandeza del monte" y se relaciona al parecer con Eugenio III, Papa que nació en Montemagno, que, precisamente, quiere decir "gran monte" o "monte grande".

4. *Abbas suburranus.* Significa "abad de Suburra". Se referiría al Papa Anastasio IV, quien nació en Roma en el barrio romano de Suburra.

5. *De rure albo.* Esta divisa se traduce como "del campo blanco". Correspondería al Papa Adriano IV, quien nació en una granja y fue cardenal de San Albano.

6. Víctor IV, cardenal de San Nicolás in-Carcere, sería el aludido por esta profecía, llamada *Ex tetro carcere,* cuya traducción es "de tétrica cárcel".

7. *Vía transtiberina* ("vía detrás del Tíber"), es el título de la profecía que correspondería a Pascual III (antipapa). Pascual III fue cardenal de Santa María *Transtevere.*

8. "De Panonia a Tuscia" es la traducción de esta profecía, cuyo nombre original es *De Pannonia Tusciae.* Calixto III (antipapa) fue natural de la Panonia y el Papa legítimo al que se sometió, Alejandro III, era nacido en Tuscia.

9. Esta divisa alude a la familia de Alejandro III. La familia de Alejandro tenía el nombre de Paparone y la divisa se llama *De ansere custode:* la divisa se traduce como "de la oca silvestre" y Paparone significa "oca".

10. *Luz in ostio* ("luz en la puerta"). Lucio III, a quien correspondería esta divisa, fue cardenal de Ostio y nació en Lucques, es decir "lugar donde hay luz".

11. *Sus in cribo* ("arriba en la criba"). Referida al Papa Urbano III, quien ostentaba una criba en su escudo y pertenecía a la familia Crivelli.

12. *Ensis Laurentius* ("espada de Lorenzo"). Alude a Gregorio VIII, quien fue cardenal de San Lorenzo y cuyo escudo familiar ostentaba dos espadas cruzadas.

13. El nombre de la familia del siguiente Papa —Clemente III— era Scolari, y la divisa se titula *De schola exiet,* que significa "saldrá de la escuela".

14. *De rure bovensi* ("del campo de bueyes"). Corresponde al Papa Celestino III, perteneciente a la familia De Bovis.

15. *Comes signatus* ("compañero señalado"). Se vincula esta profecía al Papa Inocencio III, quien perteneció a la familia de los Conti-Segni.

16. *Canonicus ex latere* ("Canónigo de al lado"). Se referiría al Papa Honorio III, quien fue canónigo de San Juan de Letrán.

17. *Avis ostiensis* ("ave de la puerta"). El Papa Gregorio IV, a quien correspondería esta divisa, tenía un águila en su escudo nobiliario y fue cardenal de Ostia, toponimia que lleva implícito el significado de puerta.

18. *Leo Sabinus* ("león sabino"). Profecía referida aparentemente a Celestino IV, Papa que fue cardenal de la Sabina y cuyo escudo ostentaba un león.

19. *Comes Laurentius* ("compañero Lorenzo"). Profecía que aludiría a Inocencio IV, quien ocupó el cardenalato de San Lorenzo.

20. Signum ostiensis ("señal de la puerta"). Referida al Papa Alejandro IV, miembro de la familia Conti-Segni y cardenal de Ostia.

21. *Jerusalem Campaniae* ("Jerusalem en Champana"). Referida aparentemente a Urbano IV, Papa originario de Troyes de Champagne y Patriarca de Jerusalem.

22. *Draco depressus* ("el dragón preso"). En la divisa que correspondería a esta profecía se alude seguramente a Clemente IV, Papa que dio a los güelfos un estandarte en el cual aparecía un dragón aprisionado por un águila.

23. *Anguineus vir* ("varón culebrino"). Alude a Gregorio X, en cuyo escudo aparece una culebra vomitando a un hombre.

24. *Concionator gallus* ("predicador francés"). Referida al parecer al Papa Inocencio IV, perteneciente a la Orden de Predicadores y que además desempeñó el cargo de provincial en Francia.

25. *Bonus comes* ("buen compañero"). Alude a Adriano VI, cuyo nombre era *Otobon*.

26. *Piscator Tuscus* ("pescador toscano"). Se refiere al Papa Juan XXI, quien nació en Toscana y cuyo nombre era Pedro ("El pescador").

27. *Rosa composita* ("Rosa compuesta"). Alude al Papa Nicolás III, a quien le apodaban "compuestito" y cuyo escudo lucía una rosa.

28. *Ex telonio liliacei Martini* ("de la colecturia de Martín, el de los lirios"). Referida al Papa Martín IV, quien tenía en su escudo flores de lis. Este Papa fue, además, alcabalero en San Martín de Tours, Francia.

29. En la siguiente divisa, se hace una alusión más a las alegorías heráldicas; en ella se indica *Ex rosa leonina,* o sea *De la rosa leonina* y correspondió al Papa Honorio IV, que ostentaba en su escudo dos leones que sostenían entre las garras una rosa.

30. El Papa Nicolás IV fue originario de Ascoli en el Piceno, y en la divisa se indicaba *Picus inter escas* o sea *El pico* (un ave) *entre la comida.*

31. San Celestino V, fue vaticinado en la divisa *Ex eremo celsus,* lo cual quiere decir *Elevado del eremo* hecho que se comprueba porque fue ermitaño antes de ser Pontífice y posteriormente canonizado.

32. En la divisa que profetizaba al Papa Bonifacio VIII, se indicaba *Ex undarum benedictione,* lo que quiere decir *De la bendición de las ondas;* y ademas de llamarse Benedicto, este Pontífice tenía en su escudo la alegoría de unas ondas.

33. La divisa siguiente, decía *Concionator patareus* y significa *Predicador Patareo;* y el Papa Benedicto XI, a quien correspondiera el lema, perteneció a la Orden de Predicadores con el nombre de Nicolás el de Patare.

34. La divisa que vaticinara al Papa Clemente V, señalaba *Defessis Aquitanicis,* que significa *De las fajas de Aquitania,* y además de ser el originario de la Aquitania, ostentaba en su heráldica unas bandas horizontales que cruzaban el escudo.

35. En la profecía correspondiente a Juan XXII, señalaba San Malaquías *De sutore osseo,* que se traduce *Del zapatero de hueso.* Este Pontífice fue hijo de un zapatero apellidado Ossa.

36. *Corvus schimaticus,* o *Cuervo cismático,* indicaba la profecía destinada al antipapa Nicolás V. Su calidad de antipapa como cismático y su origen por ser natural de Corbiere, comprueban el lema que coincidiera con el personaje.

37. El Papa Benedicto XII, que fuera Abad en el Monasterio de Fontfroide, o Fuente fría, coincidió con la divisa *Frigidus abbas* que se traduce como *Abad frío.*

38. El Papa Clemente VI, que fuera obispo de Arrás, tenía por alegoría en su escudo varias rosas, y en la divisa que le correspondiera, se indicaba *De rosa Azrebatensi,* o sea *De la rosa de Arrás.*

39. La divisa que correspondió a Inocencio VI, era *De montibus Pammachi,* que significa *De los montes Pamaquio;* esto coincide porque fue cardenal de San Juan y San Pablo, y tuvo el título de Pammaque en el Monte Coelius.

40. A continuación indica el lema: *Gallus vicecomes,* o sea *Francés vizconde.* Esta divisa fue la correspondiente al Papa Urbano V, originario de Francia y Nuncio en la corte de los Visconti.

41. La siguiente divisa señalaba *Novus de virgine forti,* que se traduce como *El nuevo de la virgen fuerte,* y el Papa a quien correspondiera, fue cardenal de Santa María la Nueva, donde queda ya implícito lo de la virgen fuerte.

42. Clemente VII (antipapa), fue cardenal titular de la Basílica de los Doce Apóstoles y en su escudo aparecía una cruz entre puntos. La divisa destinada a él, decía *De cruce apostólica,* o sea *De la cruz apostólica.*

43. *Luna cosmedina,* igual en latín que en español, indicaba la divisa de Benedicto XIII, otro antipapa, que se llamara Pedro de Luna y fuera cardenal de Santa María en Cosmedin.

44. Una vez más, la divisa señala la calidad cismática de un antipapa; en este caso de Clemente VIII, de quien predijera en *Schisma Barcinorum,* o *Cisma de los de Barcelona,* aludiendo en ella a que había sido canónigo en Barcelona.

45. Paradójica parece la siguiente divisa para referirse a un Papa cuando indica *De inferno praegnante,* o sea *Del preñado infierno;* con todo, el nombre de su familia era Pregnani y él nació en un barrio de Nápoles al que se llamaba el infierno.

46. El vaticinio siguiente indicaba *Cubus de mixtione,* que se traduce como *Cubo de mezcla;* esta divisa tocó al Papa Bonifacio IX, que en el escudo de su familia, ostentaba una franja transversal formada de cubitos negros y blancos mezclados, alegoría referente a la familia de los Cybo (cubos).

47. Otra alegoría heráldica se alude en *De meliore sidere* que se traduce *Del mejor astro;* en el escudo familiar del Papa Inocencio VII, aparecía un cometa y la familia era de los Migliorati, o sea de los Mejorados.

48. *Nauta de ponto nigro,* o *Marino del puente negro,* se indicaba en la divisa que correspondiera al Papa Gregorio XII que fuera obispo de Negroponto (Mar Negro).

49. El escudo familiar del Papa Alejandro V, mostraba un sol que lanzaba sus rayos, tal como indicara la divisa: *Flagellum solis, Azote del sol.*

50. En la siguiente divisa, se vaticinaba *Cervus sirenae,* lo que significa *Ciervo de la Sirena;* correspondió al antipapa Juan XXIII, que fuera originario de Nápoles, ciudad llamada Parthenope en la antigüedad por ser el nombre de una sirena mitológica. Fue además cardenal de San Eustaquio el del ciervo.

61. Al Papa Martín V, tocó la predicción *Corona veli aurei,* que significa *Corona del verbo de oro;* los interpretadores señalan que tenía en su escudo una corona sobre una columna y que fue cardenal de San Jorge en Velabro (del velo de oro).

52. Eugenio IV, fue vaticinado en la divisa *Lupa coelestina,* que se traduce como *Loba celestina;* como coincidencia, fue religioso celestino y obispo de Siena; esta ciudad tiene en su escudo una loba.

53. En el escudo del antipapa Félix V, aparecía una cruz y su nombre de pila era Amadeo; ambos elementos coinciden con la profecía que indicaba *Amator crucis,* o *Amante de la cruz.*

54. En la siguiente divisa, se indicaba *De modicitate lunas,* lo que significa en español, *De la mediocridad de la luna;* y el Papa Nicolás V, a quien correspondiera este lema, fue natural de Lunegiani y procedía de muy modesta familia.

55. Entre las frecuentes alegorías heráldicas, está la divisa que correspondiera al Papa Calixto III, que dice *Bos pascens,* que quiere decir *El buey que pasta* y en su escudo, se ostentaba precisamente la figura de un buey pastando.

56. Correspondió al Papa Pío II, el lema *De capra et albergo,* que significa *De la cabra y el albergue,* aunque la comprobación nada tenga que ver con el significado, pues la coincidencia se establece en el hecho de que fuera secretario de los cardenales Capranica y Albergati.

57. El Papa Paulo II, que fuera cardenal de San Marcos, ostentaba en su escudo un león y fue además obispo de Cervie; ambos hechos, se encuentran aludidos en la divisa *De cervo et leone,* que se traduce como *Del ciervo y el león.*

58. En la profecía que correspondiera a Sixto IV, se indica *Piscator Minorita,* que significa *Pescador minorista* y existe la coincidencia de que fuera hijo de un pescador y luego fraile menor.

59. Inocencio VIII, que fuera señalado en la divisa *Precursos Siciliae,* la cual quiere decir *Precursor de Sicilia,* fue hijo del virrey de Sicilia y llevó por nombre el de Juan Bautista el Precursor.

60. *Bos albanus in porto, El buen blanco del puerto,* decía la correspondiente designación de San Malaquías que le tocara al Papa Alejandro VI; y coincide en que, además de tener en su escudo la alegoría de un buey, fue cardenal en San Albano y en Porto.

61. Al Papa Pío III, que procediera de la familia Piccolomini correspondió la divisa *De parvo homine,* o Del pequeño hombre, que es el mismo significado del apellido.

62. El siguiente vaticinio indicaba: *Fractus Jovis Juvabit,* lo que significa *El fruto de Júpiter ayudará.* Este lema correspondió al Papa Julio II, que tenía en su escudo una encina, el árbol designado a Júpiter.

63. *De cratícula Politiana,* que significa *De la parrilla politiana* fue el lema de León X, hijo de Lorenzo de Médicis, el de la parrilla. Este Papa fue educado en Politien.

64. El escudo de Adriano IV, tenía dos leones y su nombre de pila era el de Florencio. En la profecía se indicaba *Leo Florentius,* o sea, *León Florencio.*

65. Nuevamente una alusión a la heráldica indica en el caso del Papa Clemente VII, *Flos pilae aegrae,* que quiere decir *Flor de la pelota enferma;* y en el escudo, ostentaba seis pelotas, una con una rosa y las otras con cicatrices.

66. En el escudo del Papa Paulo III, había seis jacintos y fue cardenal de San Cosme y San Damián, ambos médicos; tal como señalara la divisa *Hyacinthus medicorum,* que se traduce *El Jacinto de los médicos.*

67. Al Papa Julio III, se le vaticinó en el lema *De corona montana,* que significa en español, *De la corona del monte;* este Papa nació en Monte Sabino, y en su escudo, aparecía una corona de laurel.

68. El Papa Marcelo II, fue señalado en la divisa *Frumentum flaccidum,* que significa *Trigo languidescente;* en el escudo de este Papa, había espigas de trigo, y su Pontificado fue de muy corta duración.

69. El lema siguiente, señalaba *De fide Petri,* que se traduce como *De la fe de Pedro;* fue el indicado para el Papa Paulo IV, cuyo nombre era el de Pedro Caraffa, y este apellido quiere decir Cara Fe.

70. *Esculapii pharmacum,* fue la siguiente profecía, que se traduce como *Medicina de Esculapio;* ésta coincidió con uno de los Médicis, nombre que proviene de Medicus en latín, y Esculapio fue el dios mitológico de la medicina; correspondió al Papa Pío IV.

71. El Papa siguiente, Pío V, llevó por nombre el de Miguel Arcángel y fue originario de Bosco, toponimia que signifi-

ca bosque, tal como se señala en la divisa *Angelus nemorosus,* la que se traduce *Ángel boscoso.*

72. Otra alegoría heráldica señala la siguiente profecía al indicar al Papa Gregorio XIII en el lema *Medium corpus pilarum,* o *Medio cuerpo de pelotas,* pues en su escudo aparecía el medio cuerpo de un dragón, y él, de joven, era un jugador de pelota.

73. Sixto V, es vaticinado con una alegoría más en el orden heráldico, pues su escudo ostentaba una barra dividiendo por la mitad a un león y la divisa indicaba *Axis in medietate signi,* que significa *Barra en mitad del signo.*

74. El Papa Urbano VII (1590), fue vaticinado en la divisa *De rore coeli,* que se traduce como *De rocío del cielo;* esto alude a que fue obispo de Rosano y no llegó a ser coronado, pues falleció trece días después de su elección, duró como el rocío.

75. Al Papa Gregorio XIV, tocó ser contemporáneo del benedictino Fray Arnoldo de Wion y ya hemos mencionado como responde a la divisa *De antiquitate urbis, De la antigüedad de la ciudad,* por haber sido senador (de senex, viejo) y haber destacado por sus estudios de las antigüedades de Roma.

76. Inocencio IX, fue vaticinado en la divisa *Pia civitas in bello, o sea, La piadosa ciudad en guerra.* Él nació en Bolonia, ciudad que adquiriera fama de piadosa; y fue Nuncio en Venecia, donde procura la alianza de las naciones cristianas, hecho que dio por resultado la famosa Batalla de Lepanto contra los turcos.

77. De la familia Aldobrandini, que se gloriaba de proceder del primer romano que se convirtiera a la Cruz de Cristo, fue el Papa Clemente VIII, quien en el vaticinio recibiera la divisa en turno *Cruz Romulea,* que significa *Cruz romana* o *romúlea.*

78. El Papa León XI, fue señalado en la profecía como *Undosus vir,* o *Varón sudoroso;* en la interpretación, se indica que pasó como una onda, porque solamente duró dos meses después de ser elevado a Pontífice además de que la causa de su muerte se debió a un resfriado cuando estaba sudando.

79. La siguiente divisa, declaraba: *Gens perversa,* o sea *Gente perversa;* en este caso, los interpretadores señalan que

los perversos protestantes formaron un partido contra los católicos y que en este hecho, se originan las guerras de religión.

80. *In tribulatione pacis,* indicaba a continuación el lema que en castellano significa *En la tribulación de la paz;* esta divisa se refería a que durante el Pontificado del Papa Gregorio XV, vuelve la paz a la Iglesia y gracias a su genio político adquiere gloria para la institución como una compensación a las tribulaciones sufridas en las guerras de religión.

81. Al Papa Urbano VIII, correspondió la divisa *Lilium et rosa,* que quiere decir *Lirio y rosa;* en su época se efectúa el matrimonio del Príncipe de Gales con Enriqueta de Francia, la flor de lis francesa con las rosas de Inglaterra. Según las interpretaciones esta inesperada unión de los dos reinos, estaba prevista en la profecía.

82. En el lema siguiente, se indicaba *Jucunditas Crucis,* o *Alegría de la Cruz;* éste corresponde al Papa Inocencio X, quien fuera electo el día de la Santa Cruz. Combatió el rigorismo de los jansenistas, doctrina iniciada por Cornelio Jansenio, obispo de Yprès y que angustiaba a la cristiandad haciéndoles gustar las dulzuras de la cruz; esta doctrina exageraba la teoría de San Agustín en torno a la influencia de la gracia divina para obrar el bien menguando la libertad humana.

83. Alejandro VII, el siguiente Pontífice, continuador en la condena del jansenismo, fue profetizado en la divisa *Montium custos,* o *Custodio de los montes;* aun los impugnadores del documento reconocen la exactitud en el punto, pues los Chigi, su familia, tenía en su escudo una estrella sobre seis montañas y se le reconoce además como fiel custodio del cristianismo ante sus dificultades con Luis XIV.

84. *Sidus olorum,* o el *Astro de los cisnes,* tocó por lema profetizante a Clemente IX. En el Cónclave anterior a su elección, le tocó habitar la Cámara de los Cisnes en el Vaticano, pieza decorada con pinturas de cisnes; destacó por su genio poético, y favoreció grandemente la literatura y la poesía; se rodeó de poetas y literatos, y entre los latinos, frecuentemente se les designaba a los poetas como *cisnes;* a Virgilio se le conoció como "El Cisne de Mantua" y a Fenelón por "El Cisne de Cambray".

85. En el lema siguiente, se determinaba: *De fulmine magno,* que significa *Del gran río* y tocó ser la predicción destinada al Papa Clemente X, que naciera en Roma en una casa situada a orillas del Tíber; además, en su escudo se dibujaba la Vía Láctea, que frecuentemente se denomina en la literatura latina como Magnum Fulmen, o sea Río Grande de estrellas.

86. El Pontífice Inocencio XI, tenía en su escudo dos animales feroces en actitud de atacarse el uno al otro y la divisa señalaba Bellua insatiabilis. Con todo, según los interpretadores parece ser que la alusión se refiere a los turcos que, repuestos de la derrota de Lepanto, amenazaban con su ejército los muros de Viena en Austria, donde Sobieski, alentado por la bendición papal, les inflige otra derrota.

87. En el tiempo del Pontificado de Alejandro VIII, logró la retractación y el acto de reparación de Luis XIV; y más tarde, la de todos los obispos que habían cometido herejía aceptando el Gallicanismo; logró además el serio arrepentimiento de los sostenedores del *laxismo* y el *quietismo.* A todo esto parece referirse el lema *Paenitentia gloriosa, Penitencia gloriosa.*

88. Después se indica: *Rastrum in porta, El rastrillo en la puerta.* Corresponde esta profecía al Papa Inocencio XII, que perteneciera a la familia Pignatelli del Rastello (rastrillo), cuya casa estaba en la puerta de Nápoles. Algunos interpretadores agregan que por iniciarse el siglo XVIII, también se le alude por el auge de las doctrinas igualitarias que originaron la Revolución Francesa, cuyo lema fuera el de *Libertad, Igualdad, Fraternidad;* y el rastrillo se usa para igualar la tierra de labranza.

89. La divisa señalaba a continuación *Flores circumdati,* lo que se traduce como *Rodeados de Flores* y correspondió al Papa Clemente XI; en ella se alude a la juventud y el talento literario del Pontífice, a sus virtudes y a su piedad; virtudes que fueron la admiración de sus contemporáneos y se alude también a la corona de glorias artísticas y literarias de que supo rodearse.

90. A Inocencio XIII, tocó la divisa *De bona religione,* que se traduce *De la buena religión;* se asegura que fue sumamente bondadoso y al mismo tiempo enérgico defensor en contra del jansenismo, de la suavidad de la religion cris-

tiana, que la mencionada doctrina hacía parecer un verdadero yugo.

91. *Miles in bello,* o sea, *Soldado en la guerra,* fue el vaticinio con que fuera indicado el Papa Benedicto XIII. Por haber canonizado en su época a San Gregorio VII, el gran Papa de la querella de las investiduras, causó la animadversión del Parlamento francés, de los alemanes y de los herejes galicanos; aunque no falta quien señale poco tacto político en esto, él supo mantenerse firme en sus decisiones como un verdadero soldado de Cristo en la guerra contra la autoridad Pontificia.

92. El Papa Clemente XII, fue notabilísimo impulsor y amante de la arquitectura espléndida y erigió grandes columnatas y palacios, así lo señalaba la divisa que le correspondiera, *Columna excelsa;* otras interpretaciones indican que él mismo fue la inderribable columna ante la impiedad del siglo de Voltaire y sus allegados o partidarios; y que la Masonería se estrelló en esta columna porque en su bula *In eminente,* del 28 de abril de 1737, rasgó y deshizo el velo hipócrita con que encubría todos sus engaños.

93. El lema siguiente, indicaba: *Animal rural,* o sea, *Animal del campo* y tocó al Papa Benedicto XIV. Una de las divisas más discutidas por las que no aceptaron el documento por señalarla como injuriosa, a lo que responden los interpretadores de pro, que nunca se ha reputado de injurioso llamar a Santo Tomás el *Buey mudo* y en ambos casos se refiere el epíteto al incansable y tesonero trabajo que simboliza este animal campesino, pues Benedicto XIV, dejó abundante mies doctrinaria en 16 tomos in folio. No falta quien señale que se alude a la vida animal del siglo que se produjo por las doctrinas de filósofos impíos.

94. Otra interpretación obvia, es la que corresponde al Papa Clemente XIII, pues había sido gobernador en Umbría y tenía en su emblema heráldico una rosa; además, siendo cardenal, el Papa Clemente XII lo señaló como "la flor más bella del Sagrado Colegio". Todo está en la divisa *Rosa Umbriae,* o *La rosa de Umbría.*

95. *Ursus velox, Oso veloz,* indicaba la divisa que tocó al Papa Clemente XIV y los interpretadores indican que al decretar este Pontífice la supresión de la Compañía de Jesús por condescender algo con los revolucionarios masones y

ver si los frenaba en su veloz carrera hacia la destrucción de la Iglesia de Jesucristo, solamente logró lo opuesto, un paso velocísimo, "hacia ese vano intento del hipócrita oso revolucionario".

96. Al Papa Pío VI, le fue indicada la divisa *Peregrinus apostolicus,* que se traduce por Peregrino apostólico. A partir del 20 de febrero de 1798, este Pontífice, que fuera arrestado en Roma en esa fecha, fue llevado de ciudad en ciudad en crudelísimo peregrinar, por el ejército del Directorio Francés que lo consideraba extranjero indeseable, hasta llegar a Valence, donde murió en el destierro.

97. El Papa Pío VII, fue vaticinado en la divisa *Aquila rapaz,* o *Águila. ladrona,* el lema alude a un singularísimo hecho, pues en ocasión que incursionara Napoleón Bonaparte, cuyas tropas seguían una bandera que ostentaba un águila imperial, se apoderó del Pontífice y lo apresó después de arrebatarle los Estados Pontificios y lo condujo primero a Savona y más tarde a Fontainebleau con objeto de hacerle ceder en sus derechos pontificios, lo que, no obstante su poder, nunca obtuvo de él.

98. A continuación el vaticinio señala: *Canis et coluber,* lo cual quiere decir *El perro y la serpiente.* La interpretación nos indica que es precisamente el perro el mayor enemigo de las serpientes y tiene la habilidad de descubrirlas por su fino olfato a pesar de que éstas se deslizan sin ruido, una vez localizadas las sabe atacar mordiéndoles el cuello para hacerles vomitar su veneno y darles muerte. De esta manera, el Papa León XII, a quien correspondiera este lema, descubrió "la astuta hipocresía del Laicismo Liberal" y supo atacarlo, advirtiendo a la Iglesia todo el veneno que en él se ocultaba.

99. Al Pontífice Pío VIII, correspondió la divisa *Vir religiosus,* o sea *Varón religioso.* Se considera que aquí se alude, además de la piedad natural en él, a que escribió una famosa Encíclica sobre la Indiferencia en materia de religión. Su corto Pontificado de un año, no permitió hechos sobresalientes, pero en su familia ya había figurado otro santo Pontífice, San Celestino IV.

100. Nuevamente una alusión de origen y de heráldica, señala al Papa Gregorio XVI la divisa *De Balneis Etruriae,* pues este Pontífice, perteneció a la Orden de los Carmelitas, de

la regla de San Benito, que fuera fundada en *Balnes de la Etruria.* Además, conservó en su escudo pontificio, el mismo de la Camaldula de Balnes.

101. En el lema siguiente, *Crux de cruce,* que quiere decir *La cruz de la cruz.* La interpretación señala esta divisa como la más transparente de la realidad de los hechos, ya que en todas las anteriores la cruz significa una terrible prueba, y en ésta, significó al Papa la supresión de los Estados Pontificios y de su soberanía temporal. Correspondió al Papa Pío IX, que quedó convertido en un prisionero dentro del Vaticano, en vez del Soberano de sus Estados y defensor de la Cruz de Cristo y de sus derechos en el mundo. Además esta calamidad le vino del propio rey de Italia, que era de la Casa de Saboya, que como es sabido, ostenta en su escudo la Cruz de Saboya, que de este modo, se convirtió en la cruz de la Cruz de Cristo.

102. *Lumen in coelo,* o sea *Luz en el cielo,* fue el vaticinio que señala la exaltación del autor de la Encíclica *Rerum novarum,* al Papa León XIII, quien fuera el cardenal Pecci y que ostentara una estrella en su escudo cardenalicio, aunque los interpretadores de la divisa, suelen dar mayor importancia a la luz que él mismo significó con sus múltiples Encíclicas para la doctrina cristiana, nunca antes igualadas ni en número, ni en calidad pues consideran que con ellas alumbra un mundo nuevo para la religión cristiana.

103. A continuación, y destinada al Papa San Pío X, indica la divisa: *Ignis ardens,* que debe traducirse por *Fuego ardiente;* en ella, no solamente se expresa el fuego devorador de la Guerra Mundial que se inicia durante el último año de su Pontificado, sino a decir de la interpretación, el incendio de caridad que produce la Sagrada Eucaristía tan propagada por él.

104. Benedicto XV, sufrió durante su Pontificado todas las calamidades de la Guerra Mundial; solamente entre los sacerdotes muertos en ella, superan los seis millares, sin contar al enorme número de seglares; a esta etapa solamente supera la de la Segunda Guerra Mundial en que se calcula la muerte de 32 millones de soldados sin contar los millones de civiles que perecieron y debemos considerar que muchas veces se considera a la Segunda Guerra como continuación de la Primera tras de breve intervalo. Por esto tan

significativa divisa como la *Religión despoblada,* que es lo que significa *Religio despopulata.*

105. Es sabida la energía e intrepidez del Papa Píu XI, para oponerse al avance del comunismo y del fascismo, por tanto la divisa *Fides intrepida,* o *Fe intrépida,* que le señala, se considera adecuada. Este Pontífice logró de Benito Mussolini la devolución del Vaticano, parte de los Estados Pontificios antiguos, que fueran indecorosamente robados por la monarquía italiana. Además, lanzó vigorosamente al Apostolado y a la propagación de la fe católica a los mismos seglares al fundar la *Acción Católica.* Tuvo fama de ser hombre de ciencia teológica extraordinaria y grandísima confianza en Dios.

106. La divisa que vaticinó al Papa Pío XII, indica *Pastor Angelicus,* que quiere decir, atendiendo a la procedencia griega, *Pastor mensajero.* Este Pontífice, se hizo famoso por el enorme número de *Mensajes,* como se llamó en su tiempo a las Exhortaciones o Cartas, que ya por escrito o de manera oral, dirigió a todos los sectores de fieles, a todas las clases sociales, a todas las ramas de trabajo y hombres de acción, para tratar cuestiones teológicas, científicas, económicas o estrictamente religiosas con verdadero conocimiento y sabiduría en todas ellas y referidas en varios idiomas y se valió además, de todo medio de difusión a su alcance, por eso, fue el angélico mensajero.

107. En el momento de la elección del Papa Juan XXIII, era Patriarca de Venecia, la ciudad marítima de Italia, responde pues a la divisa *Pastor et nauta, Pastor y navegante,* que le tocará a él en el vaticinio. La alegoría alude además al necesario desempeño de su cargo pastoral, que le obligaba a salir por los canales venecianos, prolongaciones del mar, embarcado en la Góndola Patriarcal navegando por ellos hasta donde debiera desempeñar sus sagrados oficios;

108. Al Papa Paulo VI, correspondería la divisa *Flos florum,* que significa *Flor de las flores;* ganador del Premio Nobel de la Paz, ante la reciente desgracia de las nunca antes sufridas inundaciones en Florencia, ofició en la Navidad del año de 1966, la misa del gallo en esa ciudad en la Catedral de Santa María de las Flores, y el recinto fue adornado con una gran flor de lis que es el símbolo de la ciudad de

Florencia. Además, frecuentemente las festividades de Navidad se representan simbólicamente por alguna flor como la rosa o la flor de Nochebuena.

109. *De medietate lunae. De la media luna.*

110. *De labore solis. Del trabajo del sol.*

111. *De gloria olivae. De la gloria del olivo.*

Después de estas divisas, termina el documento de San Malaquías con un gran espacio en blanco en donde podrán caber otras en gran número. Al final, y en latín, se dice:

Y en la última persecución de la Sagrada Iglesia Romana, ocupará el trono Pedro Romano, que apacentará a sus ovejas en medio de muchas tribulaciones; pasadas las cuales, la ciudad de las siete colinas será destruida; el Juez tremendo juzgará al pueblo.

Índice

Otros títulos de la colección vida mejor

═══ Serie SUPERACIÓN PERSONAL ═══

- Cómo lograr lo que deseas
- Descubre al triunfador que hay en ti
- El erial. Perlas de sabiduría
- No te dejes vencer por los nervios y el estrés
- Perlas del pensamiento positivo
- Plenitud. Tesoro de superación personal
- ¿Problemas? cómo tomar buenas decisiones

═══ Serie TEXTOS AUXILIARES ═══

- Aprende inglés sin maestro
- Ayuda en las tareas de ciencias
- Ayuda en las tareas de español
- Inventos y descubrimientos
- No cometas más faltas de ortografía

EDICIÓN ABRIL 2001
LORENZANA TELLEZ IMPRESORES
CALLE NARVARTE # 99
3ª. SECCIÓN COL. METROPOLITANA
CD. NEZA, EDO. DE MÉXICO.